# BOSQUEJOS HOMILÉTICOS

*Elsie Blattner — Luisa Walker*

**BOSQUEJOS HOMILÉTICOS**
Edición en español publicada por
Editorial Vida – 1975
Miami, Florida

© 1975 por Editorial Vida

**Rediseñado 2011**

Diseño interior: *Base creativa*
Diseño de cubierta: *Sarah Wanger*

ISBN: 978-0-8297-0511-9

CATEGORÍA: Ministerio cristiano/Predicación

# ÍNDICE GENERAL

## PARTE IV
## LA PRÁCTICA DE LA PREDICACIÓN

## PARTE V
## EVALUACIÓN DEL PROGRESO LOGRADO

## SECCIÓN II
## BOSQUEJOS ESCOGIDOS

# SECCIÓN I
# HOMILÉTICA I
*Por Luisa J. de Walker*

# PRÓLOGO

# UNA PALABRA AL MAESTRO

La materia de esta sección se ha planeado para veinticuatro sesiones de clase (de cincuenta minutos cada una) en las escuelas nocturnas o regionales donde difícilmente pueden dar más tiempo en el plan de estudios. Para el instituto bíblico se recomienda darlo en treinta y dos sesiones a fin de tener el tiempo necesario para la práctica de la predicación. Si la clase es grande, o si trabajan con grabadora, necesitarán aun más tiempo. Probablemente tendrá que usar varios períodos de estudio (la parte correspondiente a la preparación para la clase) o citas especiales para grupos pequeños.

Esta guía puede adaptarse según las necesidades y posibilidades de la clase. Se calcula que el alumno debe pasar un mínimo de una hora en preparación para cada hora de clase y preferiblemente de hora y media a dos horas si el horario lo permite. Si los alumnos han estudiado ya un curso de orientación y saben hacer bosquejos y usar los auxiliares bíblicos, no deben tener dificultad alguna en hacer los trabajos indicados en el tiempo disponible. Si hay algunos que no saben hacer bosquejos correctamente, será necesario darles una ayuda especial, porque esto es básico. En el curso de orientación de Floyd Woodworth, *Hacia la meta*, hay un capítulo sobre bosquejos que se puede usar para esto.

Se recomienda poner un fundamento sólido en este curso elemental, aun si tiene que aminorar un poco el paso para adaptar la materia a la capacidad de los alumnos. En este caso, se puede tomar un poco más tiempo en las partes que lo requieren y en vez de predicar ante la clase el alumno entregará un sermón escrito. En tal caso, la predicación ante la clase se dejará para los cursos avanzados de homilética.

Algunos maestros quizás prefieran pedir otro sermón escrito en vez del examen final, a fin de tener un día adicional de predicación en clase. O si tienen un examen objetivo, pueden dedicar la

PRÓLOGO

primera parte de la hora al examen y la última parte a las actividades señaladas para el último día, consiguiendo así otro período para la práctica.

En la bibliografía hallará material para asignar trabajo adicional a los alumnos más adelantados. Por ejemplo, podría asignar una lectura y un informe sobre la predicación expositiva en el libro *Así predicó Jesús*.

Puesto que el curso se desarrolla a base de ejercicios diarios, se sugiere que del sesenta al setenta por ciento de la nota sea en base al cumplimiento cabal y la calidad de trabajo en estas asignaciones: ejercicios, sobres, bosquejos, sermones, etc. Luego, del treinta al cuarenta por ciento dependería de los exámenes.

Se podría subir la nota un máximo de un cinco por ciento adicional por trabajos no requeridos que el alumno realice por su propia iniciativa: lectura en los libros recomendados en la bibliografía, bosquejos, o un sermón escrito preparado después de empezar este curso.

Note que la lectura del libro *La oración, fuente de poder* es para hacerse poco a poco a través del curso. Esta prolongación de la lectura es a propósito para ayudar en la formación de fuertes convicciones y costumbres en la oración.

Se espera que los alumnos vayan poniendo en práctica en los puntos de predicación del instituto o de la iglesia lo aprendido en clase. Si hay tal oportunidad, dé lugar en la clase para testimonios al respecto. Cualquier progreso que se observe estimulará a todos a un mayor esfuerzo.

Mientras enseñe al alumno a analizar su propio trabajo y el de sus condiscípulos en la clase, para ayudarse mutuamente, procure evitar el desarrollo de tal actitud en los cultos, aconsejándoles que mantengan un espíritu de oración para ayudar al predicador y facilitar la obra del Espíritu Santo. Para el trabajo de análisis y sugerencias en la clase, se sugiere hacer copias de la planilla dada para la calificación y distribuirlas entre los alumnos. Esta práctica en la calificación del «predicador» les ayudará a observar y vencer sus propios defectos.

Quizás le parezca extraño que no se haya dado tiempo en la clase para discursos o una discusión sobre la parte teórica de los

9

libros de texto. Si pueden aprender esto en su preparación para la clase, mejor se aprovecha el tiempo de la clase en un laboratorio, enseñándoles a llevar a la práctica la teoría que han estudiado.

Que el Señor le bendiga en estas labores y pueda observar el verdadero crecimiento espiritual y ministerial de sus alumnos.

**Luisa Jeter de Walker**

PARTE I

# EL DESARROLLO
# DEL MENSAJERO

DÍA UNO

## *El predicador y su mensaje*

I.  **Antes de la clase**

A.  Leer *El mensajero y su mensaje*, el prólogo y el capítulo 1.
B.  Estudiar los párrafos siguientes sobre el propósito de este curso

*Propósito del curso*

Así como cada miembro del cuerpo tiene su trabajo particular, cada cristiano tiene su trabajo especial que realizar como miembro del cuerpo de Cristo. Nuestros miembros van creciendo y perfeccionándose en su trabajo. La mano aprende a escribir, los pies a caminar. Nadie nació sabiendo. Lo mismo ocurre con los miembros del cuerpo de Cristo. Dios los llama a distintos ministerios, y cada uno tiene que aprender a hacer el trabajo que le corresponde.

Para hacer el trabajo debidamente, hay que crecer. «Antes siguiendo la verdad en amor, crezcamos en todas cosas en aquel que es la cabeza, a saber, Cristo» (Efesios 4:15). El propósito de este curso es proporcionar la experiencia que ayudará al alumno a crecer en Cristo para poder desempeñar el ministerio de la predicación. Esto quiere decir mucho más que aprender a hacer sermones bonitos. Significa más bien una cooperación con el Espíritu Santo, quien ha venido a fin de capacitarnos para el ministerio. Significa un crecimiento en la comunión con Cristo de modo que podamos recibir el mensaje que él quiere darle al pueblo. Y significa crecimiento en la habilidad de expresar claramente el mensaje.

Hay que tomar en cuenta que este es un curso elemental. Se dejarán para los cursos superiores muchos detalles sobre la preparación y la predicación de sermones, pero en este estudio se tratará lo fundamental. En la bibliografía adjunta se hallan muchas obras sobre la homilética que el alumno puede utilizar para estudios superiores en la materia o como fuentes de material en su predicación.

C. Estudiar los párrafos siguientes sobre los medios que se emplearán en este curso para lograr el propósito.

*La realización del propósito*

A fin de lograr el propósito del crecimiento en Cristo para el ministerio, hay ciertos asuntos que se necesitan estudiar, ciertos ejercicios que hacer, y ciertas metas u objetivos que el alumno escogerá y se esforzará por alcanzar.

1. Los estudios

Se estudiarán tres libritos de texto además de esta guía a fin de indicarle el estudio y las actividades correspondientes para cada día.

*El Mensajero y su mensaje*, por Alice Luce

*Homilética Práctica*, por Tomás Hawkins

*La oración, fuente de poder*, por E. M. Bounds

Este mismo libro de Bounds también aparece en otra traducción bajo el nombre *El predicador y la oración*.

2. Los ejercicios

El énfasis en este curso se pone en los ejercicios destinados a desarrollar las habilidades espirituales y ministeriales necesarias para la predicación del evangelio. Estos se han planeado para los alumnos de los institutos bíblicos o las clases locales, con una adaptación para los que estudian el curso por correspondencia.

El maestro puede adaptar estos ejercicios según las

posibilidades de la clase y el tiempo disponible para el curso. En el instituto donde tienen buenos libros de referencia y los alumnos están acostumbrados a este tipo de trabajo, probablemente se querrá asignar un trabajo adicional de investigación.

Las actividades del día señaladas en esta *Guía para el Estudio de Homilética I* se dividen en tres partes:

a. Número I. Antes de la clase

Estas actividades son para todos los alumnos, sean del instituto, locales o del curso por correspondencia.

b. Número II. En la clase

Estas actividades se llevan a cabo bajo la dirección del maestro y están sujetas a su adaptación, en el instituto o las clases en la iglesia, o en cursos regionales.

c. Número III. Adaptación para el curso por correspondencia

Por la naturaleza de este curso, es recomendable que dos o más lo estudien al mismo tiempo para hacer juntos ciertos ejercicios asignados. Si no se puede organizar una clase y no hay compañero de estudio, el alumno debe tener una persona que le sirva de consejero, alguien a quien consultar cuando le haga falta y que le sirva de «congregación» cuando predique.

Consulte con el pastor al respecto. Si uno es el pastor, puede pedirle a un miembro de la congregación, a un familiar, o quizás al presbítero, que le ayude cuando sea necesario.

Además de los ejercicios indicados para cada día, el alumno debe poner en práctica en el ministerio lo que va aprendiendo.

3. Las metas

   Para obtener el mayor provecho posible del curso es importante que el alumno se proponga ciertas metas definidas y se esfuerce en cumplirlas. Así encamina mejor sus esfuerzos y puede observar su propio progreso hacia el objetivo.

   De las metas sugeridas a continuación seleccione las que usted quiere adoptar como suyas para este curso. Puede agregar otras si así lo desea.

   *Metas que deseo alcanzar en este curso*

   a. Crecimiento espiritual

      1). Comprender mejor lo que Dios desea de la persona llamada a predicar su evangelio e ir tomando las medidas para ser la clase de mensajero que él quiere.

      2). Aprender a esperar en oración y meditación hasta recibir la dirección del Espíritu Santo en la preparación de cada mensaje que debo predicar.

      3). Cultivar la aplicación del mensaje a mi propia vida primero de modo que Dios me pueda usar cuando lo predique a otros.

      4). Buscar la unción del Espíritu Santo sobre mi predicación.

   b. Crecimiento intelectual y ministerial

      1). Aprender a hacer y usar bosquejos para la presentación clara y ordenada de lo que tengo que decir.

      2). Aprender la estructura general de los sermones de modo que el arreglo de los mensajes sea eficaz para llevar a la acción a los oyentes.

      3). Familiarizarme con distintos tipos de sermones

para cultivar variedad en la presentación del mensaje.

4). Cultivar el hábito de seleccionar, apuntar y aprender de memoria los textos bíblicos que me impresionan como buenos para la predicación.

5). Cultivar el hábito de recoger y archivar material para los sermones.

6). Cultivar el hábito de la oración, el estudio diligente y la meditación, que son esenciales para la predicación eficaz.

c. Crecimiento social

1). Aprender a observar las necesidades, intereses y problemas de las personas en la comunidad donde estoy a fin de acertar con el mensaje que Dios tiene para ellos y aprender a presentarlo en un lenguaje que entenderán.

2). Cultivar el hábito de orar por las personas que me rodean, compadecerme de sus problemas y amarlas según 1 Corintios 13.

d. Crecimiento con respecto a lo físico

1). Cultivar buenos hábitos en la respiración y el uso de la voz.

2). Observar algunos de los rasgos físicos que hacen desagradables una predicación y procurar evitarlos.

3). Observar algunas de las características físicas de la buena predicación y procurar cultivarlas en mi persona y la presentación del mensaje.

## II. En la clase

A. Repasar lo indicado para hoy sobre el propósito del curso y los medios empleados para realizarlo, contestando cualquier pregunta que haya sobre el sistema de estudio. Nótese que la preparación para la clase siguiente siempre se detalla bajo el encabezamiento «I. Antes de la clase» correspondiente a ese día. Se calcula que llevará aproximadamente una hora o algo más por lo general.

B. Repasar las metas sugeridas y ver cuáles se han seleccionado para el curso. Comprobar si alguien tiene otras. No hay nada en contra de adoptarlas todas si así lo desean. Haga que cada alumno ponga un círculo alrededor del número correspondiente a la meta o metas adoptadas en cada categoría.

C. Si alcanza el tiempo, contesten las preguntas al final del capítulo 1 en *El mensajero y su mensaje*.

## III. Adaptación para el curso por correspondencia

Por lo general la adaptación para el curso por correspondencia llevará, además de la hora (como mínimo) de preparación, una hora aproximadamente de trabajo que corresponde a la hora de clase en el instituto. Hoy puede dedicar este tiempo al repaso de lo estudiado tal como se indica en el trabajo para la clase. Si tiene un compañero de estudio o consejero, háganlo juntos, conversando sobre el curso, el propósito, la manera en que han de llevar a cabo el trabajo y las metas que piensan alcanzar.

# DÍA DOS

## *El predicador y la oración*

## I. Antes de la clase

A. Leer *Homilética Práctica*, capítulo 10.

B. Leer *El mensajero y su mensaje*, capítulo 2, y repasar rápidamente el capítulo 1.

C. Empezar a usar la planilla de oración acompañante para acostumbrarse a ser definido y sistemático en sus oraciones.

1. En la línea correspondiente a cada día apuntar el número de minutos (o de horas) que pasa en oración por la mañana, por la tarde y por la noche.

2. Orar por los asuntos indicados para ese día además de por sus propias peticiones, y no se olvide de alabar al Señor.

3. Si tiene dificultad en comprender el uso de la planilla, pida la ayuda del maestro, su pastor o un compañero.

4. Úsela por una semana, luego haga otra planilla igual en su cuaderno con cualquier cambio de peticiones que quiera indicar. Seguir este sistema a través del curso le ayudará a crecer espiritualmente.

| PLANILLA SEMANAL PARA LA ORACIÓN | | | | | |
|---|---|---|---|---|---|
| Día | Oración por | Mañana | Tarde | Noche | Total |
| Domingo | Cultos locales Programas radiales | | | | |
| Lunes | Enfermos y necesitados Campañas evangelísticas | | | | |
| Martes | Campos misioneros Visión más amplia | | | | |
| Miércoles | Condiciones mundiales Gobierno del país | | | | |
| Jueves | Los campos blancos Literatura evangélica | | | | |
| Viernes | La preparación de obreros El comité ejecutivo | | | | |
| Sábado | Avivamiento pentecostal Conversión de amigos | | | | |

## II. En la clase

A. Si es posible, tenga la visita de un pastor con un buen ministerio en la oración para que aconseje de una manera práctica a los alumnos con respecto a la vida de oración del predicador.
B. Si no tienen una visita para lo indicado arriba, que el maestro dirija a la clase en un intercambio de impresiones al respecto.
C. Escriba en el pizarrón una lista de asuntos que deben incluirse en las oraciones de un pastor o evangelista. Haga que los alumnos las copien en su cuaderno.
D. Dedicar una parte del tiempo a la oración por los asuntos indicados en C y por el desarrollo espiritual de cada alumno en el ministerio de la oración.

## III. Adaptación para el curso por correspondencia

A. Conversar con su pastor (o con el presbítero o algún cristiano maduro si usted es pastor) sobre su deseo de ser un buen obrero para el Señor. Pedir sus consejos sobre el desarrollo de un carácter deseable. Pedirle que le llame la atención sobre cualquier debilidad que usted debe vencer y que ore con usted por su crecimiento espiritual.
B. Escriba en su cuaderno los puntos principales de su conversación y los consejos que ha recibido. Esto es para su propio beneficio y no para entregarlo al maestro.

## DÍA TRES

### El predicador y la predicación

## I. Antes de la clase

A. Leer *Homilética Práctica*, capítulos 8 y 11.

B. Practicar en voz alta algunos de los ejercicios sugeridos por Hawkins para mejorar su tono de voz y su enunciación.

C. Seleccionar un salmo. Subrayar ligeramente con lápiz las palabras donde debe poner el énfasis y leerlo en voz alta.

D. Suponiéndose que le toque predicar en distintas ocasiones sobre los temas dados a continuación, nombre para cada tema un himno que podría preparar el ambiente para el mensaje y uno que venga bien para la invitación.

1. La sanidad divina
2. El bautismo en el Espíritu Santo
3. La consagración del cristiano
4. El hijo pródigo

E. De la lista siguiente de cosas que se ven en el púlpito, hacer dos listas: una de cosas que se deben hacer y otra de las cosas que no se deben hacer.

1. Recostarse en el púlpito. 2. Rascarse. 3. Mirar directamente a los oyentes. 4. Meterse las manos en los bolsillos. 5. Poner el pie sobre la barandilla de la plataforma. 6. Hacer ademanes expresivos. 7. Variar mucho el tono de voz. 8. Abrir bien la boca para hablar. 9. Fijar la mirada en el techo. 10. Usar muchas palabras raras. 11. Contar chistes. 12. Relatar un acontecimiento como si lo estuviera viendo. 13. Regañar a los oyentes. 14. Hablar a todo pulmón durante toda la predicación. 15. Usar el tono de voz conversacional la mayor parte del tiempo.

## II. En la clase

A. Dediquen unos cinco minutos a poner en el pizarrón los himnos (títulos solamente) seleccionados para cada mensaje asignado.

B. Durante unos cinco minutos hagan ejercicios de pronunciación según lo recomendado por Benjamin Mercado en los párrafos siguientes.

«Evítense los vicios de dicción que dan lugar a los vulgarismos, y pronúnciense las eses finales con claridad, como así la sílaba da y do al final de la palabra. No se diga: Estamo nosotro o nojotro cansao, sino: Estamos nosotros cansados. Tampoco debe decirse jué, juí, por fué y fuí. No se diga nunca güeno, agüela, güella, por bueno, abuela y huella. Debe evitarse la pronunciación de la ele en vez de la ere en vocablos como ayer, comer, señor, verdad. Es muy común en algunos países hispanos decir paquí, pallá, paqué, padónde, en vez de para aquí, para allá, para qué y para dónde.

»Hay sílabas que son más difíciles de pronunciar que otras, como por ejemplo aquellas en que figura el sonido de la erre, como en rueda, carro, Enrique, alrededor, Israel. Evítese asimismo darle al sonido de la erre un sonido gutural que no le corresponde. Nunca diga Puerto Jico, sino Puerto Rico. De difícil pronunciación son a veces las sílabas en que la ere y la ele se combinan con otras letras. Podría hacerse el ejercicio siguiente: Sujetando la punta de un lápiz entre los dientes, pronúnciense las siguientes sílabas : bra, bro, bru, bre, bri; tra, tro, tru, tre, tri; dra, dro, dru, dre, dri; bla, blo, blu, ble, bli, y otras. A fin de ampliar estos conocimientos, sería bueno estudiar una buena gramática».

C. La tendencia natural es hablar en un tono de voz demasiado alto y agudo. Esto se debe en parte a la tensión nerviosa, pero produce más tensión en la garganta y estropea las cuerdas vocales. Un tono más bajo es más agradable al oído; no cansa tanto ni al orador ni a los oyentes. Hagan todos juntos el ejercicio siguiente para hallar el tono de voz que debe cultivar. Pónganse de pie detrás de una silla con las manos sobre el respaldo. Abran la boca bien y digan «a...a...a...» mientras se inclinan hasta tener la cabeza casi en la silla. Noten coma ha ido bajando el tono. Cultiven el uso de este tono bajo en la conversación y para la predicación. Probablemente lo hallarán varios tonos más bajo que la voz acostumbrada.

D. Noten ahora la respiración. Pónganse de pie, bien derechos, hombros hacia atrás y con las manos cruzadas sobre el diafragma (un poco más arriba del estómago). Respiren hondo. Si se mueven los hombros y no las manos, está respirando incorrectamente. Este modo de respirar echa a perder la voz y la garganta, además de producir la molestia de entrecortar la voz por falta de aire. Si se mueven las manos y no los hombros cuando el alumno respira profundo, está respirando correctamente del diafragma. Cultiven todos este método de respirar para protección de su propia salud y a fin de mejorar su ministerio.

E. Si tienen grabadora, graben la lectura de uno o dos textos de parte de cada alumno. Después escuchen la grabación, observando los puntos buenos y los defectos. Tomen nota también del uso correcto del micrófono, la distancia correcta, la necesidad de hablar claramente y no demasiado rápido ni demasiado fuerte.

F. Si no hay grabadora, hagan la lectura y los comentarios sin ella, pasando el alumno frente al grupo para leer como si estuviera en el púlpito.

G. Pueden comprobar sus listas con lo siguiente:
*Se deben hacer*
3, 6, 7, 8, 12, 15
*No se deben hacer*
1, 2, 4, 5, 9, 10, 11, 13, 14

## III. Adaptación para el curso por correspondencia

A. Practicar los ejercicios señalados arriba para la clase.
B. Si se emplea altoparlante en su iglesia, pídale al pastor que le dé una demostración de su uso correcto.
C. Pídale a su compañero de estudio o consejero que le escuche leer el salmo que usted escogió. Haga que él se siente en

el fondo de la iglesia mientras usted lo lee desde el púlpito. Esto no es asunto de juego. Es para ayudarle a leer con más claridad y expresión la sagrada Palabra de Dios.

# PARTE II

# EL DESARROLLO
# DEL MENSAJERO

## DÍA CUATRO

### *Selección del texto y el tema*

I. **Antes de la clase**

A. Leer *El mensajero y su mensaje*, capítulos 3 y 4.
B. Leer *La oración, fuente de poder*, capítulo 1.
C. En las oraciones que se dan a continuación ponga una V al lado de las que dicen la verdad y una F al lado de las que son falsas.

_____1. Uno siempre tiene que tener el texto del sermón antes de saber qué tema va a presentar.

_____2. El tema y el texto siempre deben tener relación entre sí.

_____3. El tema del mensaje debe relacionarse definitivamente con los problemas y las necesidades de la congregación.

_____4. Al observar los problemas de la comunidad el mensajero debe buscar lo que Dios dice al respecto en la Biblia.

_____5. El texto es solamente una introducción al sermón.

_____6. Puesto que toda la Biblia es la Palabra de Dios, lo mismo da usar cualquier texto cuando tiene que predicar.

_____7. Es bueno escoger un tema que impresionará a la congregación con la profundidad del conocimiento del predicador.

_____8. Uno debe orar y meditar en distintos textos bíblicos hasta tener la firme convicción dada por el Espíritu Santo de que cierto texto y tema contienen el mensaje de Dios correspondiente a la ocasión.

___9. Muchas veces el Espíritu Santo impresiona al obrero con buenos textos para sermones en su lectura devocional.

___10. El sermón debe ser la expresión de las ideas del predicador con respecto a determinadas condiciones, respaldándose estas ideas con textos bíblicos.

___11. El sermón debe ser lo que Dios dice con respecto al problema que se trata, con explicaciones e ilustraciones de parte del predicador para que los oyentes comprendan mejor los textos bíblicos y exhortaciones a obedecer el mensaje de Dios.

___12. Cuando el Espíritu Santo empieza a impresionarle a uno con un tema nuevo, debe predicarlo inmediatamente.

## II. En la clase

A. Revisar las respuestas al ejercicio de Verdadero o Falso.

B. Buscar los textos siguientes, leerlos ante la clase por turno, y escoger en cuál de las circunstancias citadas a continuación sería más propio cada uno como texto de sermón.

1. Lucas 2:10, 11        6. Juan 2:1, 2
2. Gálatas 5:1           7. Juan 8:32-36
3. Juan 14:1-6           8. 1 Pedro 2:2
4. Marcos 16:15          9. Santiago 5:14
5. Romanos 6:23          10. Malaquías 3:10, 11

a. Usted tiene que predicar en el servicio fúnebre para alguien que era un cristiano fiel.

b. Los hermanos son muy pobres y usted quiere ayudarles a encontrar prosperidad material.

c. Tiene que dar un mensaje breve en una boda.

d. Tiene que dar un mensaje breve en el programa de Navidad.

e. Es tiempo de fiestas patrias y tiene que predicar en un culto donde la mayoría de los oyentes son pecadores.

f.   Predicará en un culto para cristianos durante las fiestas patrias.

g.   Va a tener un culto especial de oración por los enfermos.

h.   Hay muchos nuevos convertidos cuyo crecimiento en el Señor usted desea.

i.   Está predicando en un campo nuevo donde no han escuchado el evangelio antes.

j.   Está convencido de que Dios quiere que se abran nuevos puntos de predicación alrededor de su iglesia.

C.  Para los textos dados en la columna a la derecha, escojan los temas correspondientes de la columna a la izquierda.

| | |
|---|---|
| 1. La oración | a. Juan 3:16 |
| 2. La cosecha inevitable. | b. Lucas 11:1 |
| 3. ¿Sueldo o regalo? | c. Juan 14:1-6 |
| 4. Un hogar celestial | d. Gálatas 6:7 |
| 5. El amor de Dios | e. Romanos 6:23 |

D.  Sugieran otros títulos que podrían usar para los mismos textos dados en C.

E.  Si hay tiempo, compartan algunos testimonios sobre la dirección de Dios en la selección del texto para el mensaje y oren por su dirección constante.

## III. Adaptación para el curso por correspondencia

A.  Hacer el trabajo de B, C y D arriba

B.  Confronte sus respuestas en I-C y II-B y C con las que se dan a continuación. En total hay 27 puntos. Si logra de 25 a 27 respuestas correctas, merece la nota de Sobresaliente. Si tiene de 21 a 24 notas correctas recibe la calificación de Bueno. De 17 a 20 su evaluación es Regular. Si tiene menos de 17 correctas en total, vuelva a estudiar la lección y haga la prueba de nuevo. Respuestas correctas. I-C (Verdadero o Falso) : 1-F; 2-V; 3-V; 4-V; 5-F; 6-F; 7-F; 8-V; 9-V ; 10-F; 11-V; 12-F. II-B (Hacer corresponder textos con condiciones):

1-d; 2-f; 3-a; 4-j; 5-i; 6-c; 7-e; 8-11; 9-g; 10-b. II-C (Hacer corresponder textos con temas): 1-b; 2-d; 3-e; 4-c; 5-a.

## DÍA CINCO

### *La interpretación del texto: El contexto*

I. **Antes de la clase**

  A. Leer *La oración, fuente de poder*, capítulo 2.

  B. Leer *El mensajero y su mensaje*, capítulo 5.

  C. En cinco sobres grandes copiar los textos siguientes, uno en cada una. Estos textos servirán de base para varios ejercicios. Si no los sabe de memoria ya, vaya aprendiéndolos y meditando en cada uno.

    1. Juan 3:16                 4. Gálatas 6:7

    2. Romanos 6:23          5. Lucas 11:1

    3. Juan 14:1-6

  D. Lea Gálatas 6:6-10. ¿De qué tratan estos versículos? Se introduce el tema en el versículo seis y se resume en la aplicación dada en el versículo diez. ¿Para quiénes se ha escrito este pasaje, para los pecadores o para los cristianos? Lea desde 6:1 a fin de hallar la respuesta. Este texto es magnífico a la hora de predicar un sermón para pecadores, ¿pero cuál es su primer significado según el contexto? ¿No está tratando del uso del dinero? Lea el contexto otra vez (versículos 6 hasta el 10).

  E. Lucas 11:1 presenta la petición de los discípulos y la ocasión. Siga leyendo hasta terminar la parte del capítulo que se refiere a la oración. Aquí en el contexto tiene la respuesta a la petición. A veces el contexto desarrolla tan eficazmente el mensaje del texto que el predicador lee el pasaje entero, o al iniciar el mensaje o en su desarrollo. Si este contexto le sugiere algunas ideas sobre cómo orar, escríbalas en un papelito y colóquelo en el sobre correspondiente a este texto.

## II. En la clase

A. Lleven los sobres a clase. En preparación para la próxima lección, subrayen las palabras principales de cada texto escrito en los sobres. Por ejemplo: «Porque la paga del pecado es muerte». Los alumnos pueden indicar por turno cuáles deben subrayarse.

B. Comenten las ideas sugeridas por el estudio del contexto de Gálatas 6:7 y Lucas 11:1. Cuando surjan ideas que desea usar, apúntelas y colóquenlas en sus sobres.

C. Lean rápida y silenciosamente Romanos 6 y decidan cuánto del capítulo trata el mismo tema de Romanos 6:23 y le sirve de contexto. Según el contexto, ¿a quiénes se dirige el texto, a creyentes o a inconversos? Si va a predicar a los inconversos sobre este texto, ¿les leerá todo el contexto? ¿Le ayuda el contexto a comprender cómo Cristo recibió la paga que nos correspondía? ¿Qué versículos? ¿Qué versículos explican cómo recibimos la vida eterna? ¿Qué indicaciones puede observar sobre la naturaleza de esa vida eterna?

D. Celebren un intercambio de opiniones sobre la luz que el capítulo entero de Romanos 6 arroja sobre Romanos 6:23.

E. Revisen rápidamente Juan 3 para determinar hasta qué versículo llega el contexto para el versículo 16. Es donde se nota un cambio abrupto del tema. En el contexto se nos dice quién habló las palabras de nuestro texto. ¿Tiene importancia esto? ¿Por qué? ¿Qué más aprendemos del contexto que nos ayuda a comprender el texto?

## III. Adaptación para el curso por correspondencia

A. Si está estudiando con un compañero, hagan todo el trabajo indicado para la clase.

B. Si está estudiando solo, haga lo indicado en II. A, C y E, escribiendo en su cuaderno las respuestas a las preguntas. Si tiene problema, consulte con algún hermano o con el pastor.

## DÍA SEIS

# La interpretación del texto: El diccionario

I. **Antes de la clase**

A. Leer *La oración, fuente de poder*, capítulo 3.
B. Aprender de memoria las cuatro bases para la interpretación del texto dadas en *El mensajero y su mensaje*, capítulo 3.
C. Leer *Homilética Práctica*, páginas 53 hasta la 55.
D. Para cada texto de los que tiene en los sobres, vaya buscando en el diccionario la definición de las palabras subrayadas. Copie la acepción de la palabra que mejor corresponda al texto y póngala en el sobre. Termine todas las palabras subrayadas de un texto antes de pasar al próximo. Haga esto con los textos que pueda durante el tiempo disponible de estudio. (Se supone que pasará un mínimo de una hora de estudio en preparación para cada clase).

II. **En la clase**

A. Lleven los diccionarios a la clase. Haga que los alumnos escriban en el pizarrón los textos Juan 3:16; Romanos 6:23; Lucas 11:1; Gálatas 6:7. Subrayen las palabras claves de cada texto y escriban en el pizarrón las definiciones que tengan significado especial para interpretar el texto.
B. Celebren un intercambio de opiniones sobre el uso de estas definiciones para desarrollar el significado del texto. Terminen la discusión de definiciones para un texto antes de empezar otro.
C. Si hay alumnos que todavía no tienen todas las definiciones en el pizarrón, permítales copiarlas para guardarlas en los sobres con tal de que esto no demore la clase demasiado en su discusión.

**III. Adaptación para el curso por correspondencia**

A. Terminar el trabajo de copiar definiciones para los textos indicados en II. A.

B. Medite sobre su uso en la predicación. Recuerde que muchos mensajes textuales consisten mayormente en la explicación de cada palabra del texto y su aplicación a la vida espiritual de los oyentes.

C. Entablar con un compañero cristiano la conversación sugerida para la clase en II. B, cuando menos con respecto a dos de los textos.

## DÍA SIETE

# *El desarrollo del tema: Auxiliares bíblicos*

I. **Antes de la clase**

A. Leer *La oración, fuente de poder*, capítulo 4.

B. Leer *Homilética Práctica*, capítulo 4 y páginas 59, 60, 69 y 70.

C. En una concordancia bíblica (cosa que todo predicador debe poseer) busque las palabras «orar» y «oración». Busque los textos citados y escoja entre ellos cuando menos cinco que enseñen algo sobre cómo se debe orar. Copie la frase sobresaliente de cada uno de ellos y la referencia bíblica y póngalas en el sobre correspondiente. Fíjese bien en los cinco sobres para decidir en cuál poner estos textos.

D. Si tiene disponibles un diccionario bíblico y un comentario bíblico, busque lo que pueda encontrar sobre:
1. La oración (en el diccionario bíblico).
2. Juan 3:16 (en el comentario bíblico).
3. Lucas 11:1 (en el comentario bíblico).

## II. En la clase

A. Poner en el pizarrón el bosquejo siguiente sobre la oración y dedicar la mitad de la sesión al desarrollo del mismo entre todos, empleando definiciones y los textos y comentarios hallados en el trabajo de investigación.

*La oración* — Lucas 11:1
1. Introducción: La petición de los discípulos. Algunas costumbres de la oración en aquella época.
2. ¿Qué es la oración?
3. Un modelo para la oración
4. La parte de la fe en la oración
5. La perseverancia en la oración
6. El lugar para la oración
7. Ejemplos bíblicos de la oración
8. Conclusión: Nuestra responsabilidad en vista de lo tratado.

**Nota:** Un sermón que presenta un estudio bíblico de distintos textos sobre los aspectos de un tema se llama sermón temático o lectura bíblica.

B. Dedicar el resto de la sesión de clase al desarrollo cooperativo de Juan 3:16 con el bosquejo hecho de las divisiones del texto, como se hace en el sermón textual.

*El amor de Dios* — Juan 3:16
1. Introducción: La importancia de este texto y la ocasión en que fue dado.
2. Porque de tal manera amó Dios al mundo
3. Que ha dado a su Hijo unigénito
4. Para que todo aquel que en él cree
5. No se pierda
6. Más tenga vida eterna
7. Nuestra responsabilidad ante lo tratado.

### III. Adaptación para el curso por correspondencia

A. En el bosquejo sobre la oración escoja textos correspondientes a los temas o divisiones III, IV, V, VI y VII. Si los textos que seleccionó con la concordancia no corresponden a algunos de estos temas, busque otros que sí lo hagan. Si tiene problemas, pida la ayuda de su consejero o pastor, o de algún hermano que lo pueda ayudar, porque es importante que aprenda el uso de la concordancia.

B. Escriba sus propias palabras para la introducción y la conclusión.

C. Copie la definición de «orar» y la de «oración» del diccionario.

D. Guarde todo en el sobre de Lucas 11:1.

E. Si usted no tiene diccionario bíblico, concordancia y comentario bíblico propios, empiece a orar definitivamente que el Señor le ayude a conseguir estas obras para su biblioteca ministerial.

## DÍA OCHO

## *El desarrollo del tema: Referencias marginales*

### I. Antes de la clase

A. Leer *La oración, fuente de poder*, capítulo 5.

B. Leer *Homilética Práctica*, capítulos 2 y 3 y las páginas 67-69.

C. En una Biblia con referencias marginales (o al centro de la página), busque Romanos 6:23. Fíjese en las letras pequeñitas indicando qué letra debe buscar en la columna marginal. Busque el texto citado al lado de esa letra en la columna marginal. (Si no está acostumbrado al uso de estas referencias, pida la ayuda del maestro, de un compañero o del pastor en caso necesario). Si le parece que el texto citado le provee de buen material para su mensaje sobre

Romanos 6:23, cópielo. Probablemente encuentre otras referencias marginales relacionadas con el texto que ha buscado. Búsquelas también. ¿Le ayudan a comprender mejor Romanos 6:23? No apunte las que no tienen que ver con el pensamiento principal del versículo.

## II. En la clase

A. Ofrezcan testimonios sobre el beneficio de la lectura de *La oración, fuente de poder* y sugerencias para una nueva planilla para la oración.

B. Repasen los textos que hallaron relacionados con Romanos 6:23, poniendo las citas en el pizarrón en dos columnas así:

**La paga del pecado es muerte**    **La dádiva de Dios es vida eterna**

C. Agreguen a las listas otros textos conocidos que traten del tema, y si estos tienen referencias marginales, búsquenlas, seleccionando las que vienen bien al estudio.

D. Buscar las referencias marginales para Juan 14:1-6, luego las citas adicionales indicadas en las referencias marginales para estos textos.

## III. Adaptación para el curso por correspondencia

Hacer el trabajo indicado arriba para la clase, copiando los textos que quiere usar en el desarrollo de Juan 14:1-6.

# DÍA NUEVE

## *El desarrollo del tema: Preguntas*

## I. Antes de la clase

A. Leer *Homilética Práctica*, capítulos 5 y 6.

B. Leer *La oración, fuente de poder*, capítulo 6.

C. Aprender de memoria la siguiente traducción de un verso de Rudyard Kipling:

«Seis siervos fieles me enseñaron todo lo que sé.
Se llaman ¿Dónde? ¿Qué? y ¿Cuándo? ¿Cómo? ¿Quién? ¿Por qué?»

D. Hacer trabajar a los seis «siervos fieles» en el estudio de Juan 14:1-6.

1. ¿Dónde? ¿Dónde se hablaron las palabras de este pasaje? Hay que buscar la respuesta en el contexto. Leer Juan capítulos 13 y 14 para hallar la respuesta a varias de las preguntas. Escribir las respuestas en un papel y, al terminar el trabajo, archivarlo en el sobre.

2. ¿Qué es este pasaje? ¿Una historia? ¿Un canto? ¿Un mensaje? ¿Una parábola? ¿Parte de una conversación? ¿Qué dice? Escriba brevemente en sus propias palabras la conversación de Juan 14:1-6. No copie el texto. Por ejemplo, podría empezar: «No se preocupen ustedes» o «No se pongan tan tristes». ¿Qué promesas se encuentran en este pasaje?

3. ¿Cuándo ocurrió esta conversación? Considere si ve en esto algún significado especial con respecto a la importancia del contenido.

4. ¿Cómo respondieron los discípulos a las promesas? ¿Cómo iba a irse el Señor a preparar lugar? ¿Cómo volvería? ¿Cómo los llevaría? La respuesta a estas últimas preguntas no está en el contexto, pero deben traer a su mente inmediatamente los pasajes de Hechos 1:9-11 y 1 Tesalonicenses 4:13-18. Léalos ahora. En lugar de copiar el pasaje, escriba en el papel: «¿Cómo vendrá? En las nubes. Hechos 1:9-11; 1 Tesalonicenses 4:13-18».

5. ¿Quién? ¿Quiénes sostuvieron esta conversación? ¿Quién pidió que creyesen en él? ¿Quién hizo las promesas? ¿Quién es el Padre?

6. ¿Por qué les habló Jesús de esta forma a sus discípulos es esta ocasión? ¿Por qué los exhortó a creer en él ahora? Lea Juan 14:28, 29.

**Nota:** Puede usar el orden que desee en el uso de las preguntas. Se ha seguido el orden del verso, pero lógicamente se empieza por lo general con *¿Qué?* Las preguntas de arriba son solo una guía de las que pueden hacerse sobre este pasaje.

## II. En la clase

A. Citar de memoria el verso sobre los «seis siervos fieles».
B. Revisar algunas de las respuestas que han dado a las preguntas.
C. Formular otras preguntas sobre este pasaje (Juan 14:1-6) usando los «seis siervos fieles».
D. Tener un intercambio de opiniones sobre este método de recoger material y los anteriores que se han estudiado.
E. Usar los «seis siervos fieles» para que les ayuden en Lucas 11:1. Formular las preguntas entre todos.

## III. Adaptación para el estudio por correspondencia

A. Si puede conseguir la ayuda de un compañero cristiano, hagan juntos lo indicado arriba para la clase.
B. Escoger uno de los sobres que según usted tiene la mejor colección de material e irlo pasando en limpio para enviarlo a su maestro después de la próxima lección.
C. Escriba primeramente el tema o título que usted le daría al sermón, luego la cita bíblica del texto, luego Material recogido como subtítulo.
D. El material recogido no tiene que seguir ningún orden en particular, puesto que todavía no hemos estudiado el arreglo del material. Conserve el sobre y el contenido original para su propio uso.

## DÍA DIEZ

# El desarrollo del tema: Ilustraciones

## I. Antes de la clase

A. Leer *Homilética Práctica*, capítulos 7 y 9.

B. Leer *El mensajero y su mensaje*, capítulo 11.

C. Escoja tres citas que le gusten de *La oración, fuente de poder*, cópielas y colóquelas en el sobre correspondiente.

D. Busque un himno o una poesía cuyas palabras puedan servir para ilustrar Juan 3:16.

E. Coloque en el sobre correspondiente una copia del siguiente refrán: «Dios no paga todos los sábados, pero al fin y al cabo, siempre paga».

F. Hagan corresponder el título de la izquierda con la historia que la ilustra a la derecha.

| | | |
|---|---|---|
| 1. | Fe | a. El cordero pascual |
| 2. | Oración | b. Naamán el leproso |
| 3. | Cristo el sustituto | c. El templo de Salomón |
| 4. | El pecado | d. Rahab |
| 5. | Obra misionera | e. Abraham intercede por Sodoma |
| 6. | La iglesia de Cristo | f. La caída de Adán y Eva |
| 7. | Orgullo y humildad | g. Visión del hombre de Macedonia |

G. Hallar ilustraciones para Romanos 6:23; Juan 14:1-6 y Gálatas 6:7 y ponerlas en los sobres correspondientes.

## II. En la clase

Que cada alumno relate una de sus ilustraciones. Debe pasar al frente, indicar su tema, citar el texto, y sin dar el mensaje completo, relatar la ilustración juntamente con su aplicación en el mensaje.

### III. Adaptación para el curso por correspondencia

A. Pedirle a un compañero que sea su «congregación» mientras usted hace el trabajo indicado en II.
B. Después de pasar en limpio el contenido del sobre que ha escogido, envíeselo a su maestro del curso por correspondencia.
C. En el ejercicio de hacer corresponder debe haber unido: 1 y d; 2 y e; 3 y a; 4 y f; 5 y g; 6 y c; 7 y b.

## DÍA ONCE

## *Repaso*

### I. Antes de la clase

A. Repasar todo lo estudiado hasta ahora en *El mensajero y su mensaje, Homilética Práctica* y *Guía para el Estudio de Homilética I.*
B. Leer *La oración, fuente de poder*, capítulo 7.

### II. En la clase

A. Tener preguntas y respuestas de repaso. Ayude en cualquier problema que los alumnos tengan.
B. Repasar las metas para este curso y ver a cuáles ya le han dado comienzo. Indique las metas en las que se puede observar un progreso alentador.

### III. Adaptación para el curso por correspondencia

A. Procure contestar las preguntas de repaso al final de cada capítulo que ha estudiado en *El mensajero y su mensaje.* No tiene que escribirlas. Compruebe sus respuestas con el libro. Si puede conseguir que un compañero le haga las

preguntas para que usted las conteste, tanto mejor, porque
repetirlas en voz alta las graba mejor en la memoria.
B.  Hacer el punto B de la división II.

# DÍA DOCE

## *Examen*

### I.  Antes de la clase

A.  Leer *La oración, fuente de poder*, capítulo 8.
B.  Orar definitivamente que este repaso y el examen sean usados por Dios a fin de grabar en su mente los puntos importantes que necesita recordar para su ministerio. Dar gracias a Dios por el repaso que el examen le proporciona.
C.  Terminar el repaso que empezó para la lección anterior, estudiando particularmente las partes que le fueron difíciles ayer.

### II.  En la clase

Rendir el examen

### III.  Adaptación para el curso por correspondencia

Llevar el examen sellado todavía al pastor o la persona que se habrá escogido para supervisar su examen. Sin ningún libro más que su Biblia y sin consultar sus notas, haga el examen en presencia del supervisor. Él lo echará en el correo.

## PARTE III

# EL ARREGLO DEL MENSAJE

## DÍA TRECE

### *La estructura general del sermón*

### I. Antes de la clase

A. Leer *El mensajero y su mensaje*, capítulo 6.
B. Leer *Homilética Práctica*, capítulo 2.
C. Leer *La oración, fuente de poder*, capítulo 9.

### II. En la clase

A. Breve repaso de cualquier punto que haya ocasionado dificultad en el examen.

B. Asignar a seis alumnos las distintas partes del sermón: 1. texto 2. tema 3. introducción 4. presentación 5. aplicación 6. culminación. Conceda unos cinco minutos para que cada uno repase la parte que le corresponde, entonces celebre un debate o mesa redonda sobre cuál es más importante. Esto, por supuesto, es para demostrar el valor de cada parte.

C. Notar en el capítulo sexto de *El mensajero y su mensaje* lo que dice la autora en el primer párrafo. Muchas autoridades no comparten esta opinión sobre la invariabilidad del arreglo del sermón. Muchas veces se unen la aplicación y la culminación en una sola división llamada «la conclusión». Muchas veces la aplicación acompaña el desarrollo del mensaje punto por punto, en vez de venir al final de la presentación. Este arreglo es preferible en los sermones sobre simbolismos cuando se entra en mucho detalle, y por lo general en sermones biográficos e históricos. Fíjense en lo que Hawkins dice respecto a la aplicación y la conclusión en el capítulo dos de *Homilética Práctica*.

D. Vean el plan para la próxima lección y asigne las partes.

## III. Adaptación para el curso por correspondencia

A. Haga los puntos A. y C. de la sección II.

B. Escribir en su cuaderno las respuestas a las preguntas 2 hasta la 10 al final del capítulo 6 en *El mensajero y su mensaje*.

C. Conversar con un compañero sobre las seis partes del sermón. (Algunas personas cuentan siete incluyendo el llamamiento).

# DÍA CATORCE

## El uso de bosquejos

## I. Antes de la clase

A. Leer *La oración, fuente de poder*, capítulo 10.

B. Estudiar *El mensajero y su mensaje*, Apéndice, páginas 67 a la 72. Estos bosquejos son muy sencillos para ilustrar la estructura general del sermón. Se estudiará más tarde el asunto de las divisiones y subdivisiones en la presentación.

C. Leer *Homilética Práctica*, páginas 49 a la 53. En estos bosquejos se han omitido la introducción, la aplicación y la culminación, pero se presenta la división de la presentación en sus varias partes.

D. Siete alumnos se prepararán para predicar un sermón de diez minutos (entre todos) usando el bosquejo dado en *Homilética Práctica*, página 53, sobre «El Cordero de Dios». Uno presentará el tema, leerá el texto y dará la introducción. Cinco alumnos desarrollarán en orden los cinco puntos indicados. El séptimo dará la aplicación y la culminación. Ensáyenlos juntos con el reloj.

E.  Copiar en su cuaderno el modelo siguiente para sus bosquejos de sermones. Notar que Hawkins emplea esta forma en sus bosquejos de la presentación.

*Tema o título*
Texto

*Introducción*
I. Primera división principal del sermón
    A.  Primera subdivisión para desarrollar la primera división
        1.  Primer inciso para desarrollar la subdivisión A
        2.  Segundo inciso para desarrollar la subdivisión A
    B.  Segunda subdivisión para desarrollar división I

II. Segunda división principal del sermón
    A.  Primera subdivisión del punto II
    B.  Segunda subdivisión del punto II

III. Tercera división o punto principal del sermón
    A....
        1....
           a....
           b....
        2....
        3....
    B....

*Conclusión*

Notar que el número de puntos en cualquier parte del sermón puede variar según el material que el predicador quiera usar. Si hay un solo punto en cierta categoría, no se le da un número o letra. No puede haber A sin B, o 1 sin 2, etc.

## II. En la clase

A. Ofrecer el sermón de diez minutos que se ha preparado.

B. Escribir en el pizarrón el título y el texto del bosquejo dado en *Homilética Práctica*, páginas 51 y 52, «Cristo murió por nosotros». Luego pídales a seis alumnos que se encarguen de la introducción, los cuatro puntos principales con sus subdivisiones correspondientes y la conclusión. Pasen al pizarrón antes de hacer el desarrollo y escriban por turno en el lugar correspondiente los puntos del bosquejo que deben desarrollar. Ahora desarrollen el bosquejo en un sermón de diez minutos de duración.

C. A continuación se dan la mayoría de los puntos del bosquejo de Hawkins sobre «Poder espiritual».

Sin mirar el bosquejo original ahora, pasen al pizarrón todos los alumnos que puedan trabajar a la vez. Miren a ver quién hace mejor el trabajo de reorganizar el material en un bosquejo lógico, indicando las divisiones en la forma correcta. Después de haber terminado dos o tres alumnos, se revisará el trabajo, comparándolo con el orden dado en el libro y observando la importancia que tiene el orden.

Porque sin este poder nada podemos hacer que espiritualmente valga la pena.

¿Cómo se puede obtener poder espiritual?

Victoria sobre el pecado

¿Qué es el poder espiritual?

Poder espiritual

Negativamente: no es magnetismo personal, ni elocuencia, ni conocimiento.

Porque con él evitamos los muchos fracasos espirituales que se ven en los creyentes.

¿Cuáles serán los resultados de tener poder espiritual?

Desearlo verdaderamente.

Coraje para testificar de Cristo.

Positivamente: es aquel poder en nosotros que resulta de haber recibido de Dios su Espíritu.

¿Por qué es necesario que tengamos este poder espiritual?
Trabajo eficaz.
Obedecer las instrucciones del Espíritu.
Recompensa por el servicio fiel al final.

### III. Adaptación para el curso por correspondencia

A. Si puede conseguir que un compañero le escuche y le dé sus comentarios y sugerencias con respecto a sus ejercicios en el desarrollo de bosquejos, tanto mejor. Si no, puede pedir que algún familiar o niño le escuche. Esto es para ayudarle a hablar en voz alta y acostumbrarse a hablar en público. Si no puede conseguir un oyente, haga el trabajo a solas, pero en voz alta. Predicar los dos sermones indicados en II. A y B.
B. Realizar en su cuaderno el trabajo indicado para hacer en el pizarrón en II. B y C.
C. Comprobar el arreglo del bosquejo con el bosquejo original sobre «Poder espiritual». ¿Estuvieron en su orden correcto los puntos principales I, II, III y IV? ¿Está cada subdivisión bajo su encabezamiento correspondiente? Observar que cada división principal (con números romanos I, II, III y IV) es el encabezamiento para los puntos señalados A, B y C que se escriben debajo de ella dejando mayor margen. En el caso de este bosquejo, las subdivisiones A, B, etc. tienen que ser las respuestas a las preguntas hechas en las divisiones principales; es sencillamente un asunto de emparejar las preguntas con sus respuestas correctas.

## DÍA QUINCE

## *Bosquejos para sermones temáticos*

### I. Antes de la clase

A. Leer *La oración, fuente de poder*, capítulo 11.

B. Leer *Homilética Práctica*, páginas 49 hasta la 56, observando bien el arreglo de los bosquejos dados y el progreso lógico que tienen.

C. Usando el bosquejo sobre «Poder espiritual» como modelo, haga un bosquejo similar sobre «La oración». Si desea usar los «seis siervos fieles» de Kipling para formular otras preguntas pertinentes a la oración, lo puede hacer. Si uno quiere podría incluir «Cuándo» y «Dónde» como subdivisiones bajo «Cómo» en este tema de la oración.

## II. En la clase

A. Revisar los bosquejos preparados sobre «La oración» escritos en el pizarrón por los alumnos.

B. Hacer juntos un bosquejo sobre «La fe» siguiendo el mismo modelo de Hawkins o con una adaptación para incluir los «seis siervos fieles».

C. En el bosquejo resultante del trabajo en B, empezar a poner «la carne en los huesos» con textos bíblicos sugeridos por los alumnos para las varias divisiones, ilustraciones, citas, introducción y conclusión.

## III. Adaptación para el curso por correspondencia

A. Pedirle a su pastor que le ayude en la revisión del bosquejo sobre «La oración», comparándola con el bosquejo «Poder espiritual».

B. Con la ayuda de su pastor o un compañero, hacer el trabajo de B y C arriba. Puede utilizar el material que tiene en su sobre de Lucas 11:1 para rellenar el bosquejo.

## DÍA DIECISÉIS

### Bosquejos para sermones textuales

I. **Antes de la clase**

A. Leer *La oración, fuente de poder*, capítulo 12.
B. Estudiar los bosquejos en *Homilética Práctica*, páginas 51 hasta la 56.
C. Hacer un bosquejo textual para Gálatas 6:7 dividiéndolo en cuatro puntos principales (sin contar introducción y culminación o aplicación) según el modelo dado en *Homilética Práctica*, página 53, «El Cordero de Dios».
D. Empezar a ordenar lo que tiene en su sobre de Gálatas 6:7, colocándolo en la división correspondiente en el bosquejo.

II. **En la clase**

A. Repartir entre cinco alumnos el material en el bosquejo: «Pasado, presente y futuro del creyente», la introducción y la conclusión que hay que suplir. Tener un «sermón de diez minutos» seguido de un intercambio de opiniones en cuanto al material adicional que podría incluirse.
B. Revisar el bosquejo de Gálatas 6:7. Entre todos sugerir cuando menos una ilustración para cada división principal.
C. Pasar al pizarrón y que cada alumno escriba el bosquejo formado por las divisiones naturales de los textos siguientes:
   1. Salmo 23:1
   2. 1 Timoteo 2:5
   3. Apocalipsis 21:4
   4. Apocalipsis 22:12
   5. Génesis 1:1

**III. Adaptación para el curso por correspondencia**

A. Hacer con un compañero o compañeros todo el trabajo indicado para la clase.
B. Copiar en su cuaderno los bosquejos naturales que encontró en los textos. O si prefiere, puede escribirlos en cinco sobres e ir recogiendo material para los sermones.

## DÍA DIECISIETE

### Las partes del sermón:
### El texto y la introducción

**I. Antes de la clase**

A. Estudiar *La oración, fuente de poder*, capítulo 13.
B. Estudiar *El mensajero y su mensaje*, capítulos 4 y 7.
C. Leer *Homilética Práctica*, capítulo 2 otra vez.
D. Orar que Dios le dirija en su lectura bíblica diaria a ver los textos que él desea que usted predique algún día. De aquí en adelante hacer la lectura bíblica devocional con una lapicera o un lápiz en la mano. Cada vez que Dios le impresione con un texto, escriba la cita en una lista, una página en blanco en la parte de atrás de su Biblia, o un papel que guarda en la Biblia con ese fin. Escribirla en una página de la Biblia misma garantiza que no se pierde. Si no hay página en blanco, corte una hoja del tamaño de las páginas de la Biblia y péguela en la Biblia con goma.
E. En oración y meditación al respecto, haga una lista de las necesidades espirituales de la congregación de la que es miembro y la comunidad en la que vive. Si tiene un campo de predicación, nombre algunos de los problemas del pueblo en cuanto a esto, por ejemplo, la enfermedad. (Vea *Homilética Práctica*, páginas 87 a la 89).

F. Ahora haga una lista de temas de mensajes que la Palabra de Dios contiene para las personas con los problemas que usted ha enumerado en E.

G. Revise rápidamente los bosquejos dados en las páginas 67 a la 87 de *El mensajero y su mensaje* fijándose en la introducción de cada uno. No tiene que leer todo el bosquejo.

## II. En la clase

A. Poner en el pizarrón una lista de las necesidades del pueblo (cristianos y pecadores) y condiciones que reclaman el mensaje de Dios, luego el mensaje correspondiente, y en la tercera columna, textos que podrían emplearse:

| Problema | Tema | Texto |
|---|---|---|
| Enfermedad | Sanidad divina | Santiago 5:14 |

B. Orar que Dios haga a cada uno sensible a las necesidades de su pueblo, compasivo y atento a la voz de Dios para cada situación.

C. A continuación hay una lista de textos, varios temas y varias introducciones. Que cinco alumnos pasen a la pizarra, tome cada uno un texto y escriban, en orden como para un bosquejo, el título, texto, e introducción correspondientes.

*Textos:* Salmo 23; Juan 3:16; Lucas 11:14; Mateo 7:13, 14; Mateo 7:16-20.

*Títulos*: Frutos cristianos, El buen pastor, ¿A dónde voy? Amor incomparable, Una oración modelo.

*Introducciones:*

1. La petición de los discípulos que leemos aquí es indudablemente una que cada cristiano presente ha hecho muchas veces. Vamos a ver cómo Jesús responde.

2. ¿Cómo le es más fácil identificar un árbol, por el tronco, las hojas o la fruta?

3. El que escribió este pasaje era pastor de ovejas. Sus experiencias en este trabajo lo hicieron comprender la relación que existe entre el Señor y el creyente.

4. Los sicólogos nos dicen que una de las necesidades

más grandes de las personas es la de ser amados. Hay muchas personas amargadas en la vida porque creen que nadie las quiere. Vamos a ver lo que Cristo dice al respecto.

5. ¿Cuántos de ustedes se han hallado alguna vez en una encrucijada y con problemas en cuanto al camino que debían tomar?

D. En la mayoría de los bosquejos de sermones que dan la introducción, la misma se pone después del texto. Sin embargo, en la predicación muchas veces se empieza con la introducción para captar la atención y despertar el interés antes de leer el texto o anunciar el título. Muchas veces se anuncia el tema o el título después de leer el texto. Ahora fíjense en los textos, los títulos y las introducciones escritos en el pizarrón. ¿Se podría despertar la curiosidad usando alguno de ellos antes de leer el texto?

¿Tendría el texto más significado? Pasen al pizarrón y sin borrar la introducción hagan el arreglo de texto y título en el orden que más le gustaría para la predicación. Expliquen sus razones para el cambio o por qué lo ha dejado como estaba.

## III. Adaptación para el curso por correspondencia

A. Si es posible conseguir la ayuda de un compañero para conversar juntos sobre los problemas y temas correspondientes, hagan juntos el trabajo señalado para la clase. La conversación al respecto le ayuda a uno a aclarar los pensamientos.

B. ¿Ha encontrado en esta lección algo que puede utilizar en los mensajes que está preparando? Colóquelo en el sobre correspondiente.

## DÍA DIECIOCHO

### *Las partes del sermón: El cuerpo*

## I. Antes de la clase

A. Leer *La oración, fuente de poder*, capítulo 14.
B. Leer *El mensajero y su mensaje*, capítulos 8 y 10.
C. Leer *Homilética Práctica*, páginas 56 a 69.
D. Tener presente que dentro de pocos días habrá que predicar un sermón ante la clase. Puede ser uno de los que usted está preparando en los sobres, o si lo prefiere puede ser otro, pero tiene que ser original, no un bosquejo copiado.

## II. En la clase

A. Asignar para el día veinte del estudio de este curso el principio de la predicación en clase, empezando por personas que hayan tenido algo de experiencia en la predicación si las hay en la clase.
B. Notar que lo que esta guía llama «sermón temático» se denomina «lectura bíblica» en *El mensajero y su mensaje*, «estudio bíblico» en *Homilética Práctica*, y en algunas otras obras «sermón de tema» o «sermón tópico». Revisen por turno los bosquejos dados por Hawkins en las páginas 49 hasta la 89. Que el alumno a quien le corresponde diga si el bosquejo es para sermón textual, sermón temático o sermón expositivo. Hay algunos que podrían clasificarse temáticos o expositivos. El propósito de este ejercicio es ir acostumbrándolos a la gran variedad que puede haber en la presentación del mismo mensaje básico.
C. Indicarle al maestro cuál de los cinco textos piensa usar para su sermón en clase (o qué texto si ha escogido otro) y qué clase de presentación espera usar, si es textual, temática o expositiva. Es preferible que haya variedad entre los alumnos en cuanto al texto usado y el tipo de presentación.

### III. Adaptación para el curso por correspondencia

A. Hacer solo o con un compañero el trabajo indicado en el ejercicio II. B.

B. Seleccionar el texto que debe usar para su sermón y la clase de presentación que desea usar. Consulte con su pastor para ver si el tipo de desarrollo se presta al texto.

## DÍA DIECINUEVE

## *Las partes del sermón: La conclusión*

### I. Antes de la clase

A. Leer *La oración, fuente de poder*, capítulo 16.

B. Leer *El mensajero y su mensaje*, capítulo 9.

C. Leer *Homilética Práctica*, capítulos 1 y 8.

D. Recordar que la aplicación y la culminación, ya sean dos partes separadas del sermón o una sola en la conclusión, deben resumir en breves palabras los puntos principales del sermón, mostrar cómo estos tienen que ver con el oyente, e invitarle a tomar inmediatamente la acción correspondiente. El propósito del sermón entero debe ser inspirar al oyente a una acción de alguna clase. Ahora fíjese en los cinco sermones en sus sobres. ¿Qué clase de acción debe pedirse de sus oyentes después de la predicación del mensaje? ¿Será el mensaje para pecadores o cristianos? ¿O piensa hacer doble aplicación e invitar a cristianos e inconversos a la acción en cuanto a la parte que le corresponde?

E. Haga corresponder el mensaje con la conclusión a continuación.

| MENSAJE | | CONCLUSIÓN |
|---|---|---|
| 1. La fe Hebreos 11 | a. | Si usted desea que sus oraciones asciendan al cielo y que bajen las bendiciones divinas sobre su vida, venga a Cristo ahora. Él es el único que puede unir el cielo y la tierra y darnos la entrada libre al trono de la gracia. Puede estar huyendo de algún fracaso en su vida. Dios le mira con compasión y le invita a venir a él tal como está. Pase al frente mientras cantamos «Tal como soy acudo a ti». |
| 2. Cristo bendice a los niños Lucas 18:16 | b. | Si usted quiere tener parte en esta resurrección gloriosa de los justos, tiene que recibir en su alma a Cristo, la Resurrección y la Vida (cantar: «Hay un mundo feliz»). |
| 3. El anticristo | c. | Si usted está enfermo, venga ahora al mismo Jesús que sanó a _____ y _____. Él está tan dispuesto a sanarle como lo estuvo a sanar a _____. Pase al frente para recibir oración mientras cantamos «Cristo, ayer y hoy el mismo». |

4. La resurrección
Juan 11:25

d. Dios quiere que nosotros como padres le dediquemos nuestros niños a él; que los llevemos a Cristo; que busquemos para ellos, por encima de todo lo demás en la vida, la bendición del Señor. Voy a llamar a cada uno de los padres, a cada una de las madres, a cada uno de los maestros de niños de la Escuela Dominical, a venir a presentarlos ante el Señor en oración.

5. El médico divino
Mateo 8 y 9

e. Si todas estas personas triunfaron por la fe en Dios, usted también, mi hermano, mi hermana, puede cobrar nuevo ánimo. Resolverá sus problemas también por fe en el Dios de Abel y Noé. El Dios que sustentó a Abraham, Isaac y Jacob cuidará de usted también. Vamos a alabarle por su fidelidad. Eche su carga sobre él.

6. El sueño de Jacob
Génesis 28

f. Vamos a orar ahora que Dios despierte a su iglesia para que estas cosas no nos tomen por sorpresa. Oremos por nuestros familiares, parientes y amigos para que ellos no sean engañados por la astucia de este hombre de pecado. Pidamos que Dios nos ayude a advertirles las cosas terribles que vienen sobre la tierra para que busquen el único refugio en Cristo.

F.   Escriba la conclusión para el sermón que va a presentar.

## II.  En la clase

Tener un período de laboratorio para que el maestro lo ayude en los arreglos finales de su sermón. Debido al tiempo limitado para predicarlos en la clase, el sermón no debe durar más de unos quince minutos.

## III. Adaptación para el curso por correspondencia

Después de coordinar todo su material en la forma que piensa predicarlo, puede consultar con su compañero si tiene algún problema. Luego «predíquelo» a solas y vea cuánto tiempo ocupa.

PARTE IV

# LA PRÁCTICA DE LA
# PREDICACIÓN

## DÍA VEINTE

### *Práctica*

I. **Antes de la clase**

    A.  Leer *La oración, fuente de poder*, capítulo 16, nuevamente.

    B.  Leer de nuevo *El mensajero y su mensaje*, capítulo 5, la parte 2. Coordinar el material. Revisar las notas para el sermón a fin de ver si está lo mejor coordinado posible.

    C.  Pasar en limpio el bosquejo completo que piensa usar para el sermón. Hacer dos copias, una para entregarle al maestro y otra para su propio uso. Debe ser en una hoja un poco más pequeña que la página de su Biblia para que no sea advertida por el público. Si no cabe todo en una hoja, use las que necesite. La letra debe ser lo suficiente grande para que la lea sin dificultad. Puede usar palabras claves para hacerle recordar la ilustración que quiere utilizar en el lugar indicado, sin escribir la ilustración misma.

    D.  Hay dos maneras de evitar la demora al buscar los textos adicionales en el desarrollo del mensaje. 1. Copiar los textos completos en el mismo bosquejo. 2. Buscar los textos y colocar en cada lugar un papelito que sobresalga arriba de la Biblia como marcador. Al terminar con el texto, elimine el marcador para no confundirlo con los que le quedan. Escoja el sistema que quiera usar y haga los preparativos.

    E.  Escoja los himnos y coros que emplearía en el culto donde fuera a predicar este mensaje, inclusive el himno de invitación. Escriba un «orden del culto» para entregarle al maestro juntamente con su bosquejo.

F. Ensaye con el reloj la predicación de su mensaje. Que no pase de quince minutos.

## II. En la clase

A. Empezar la predicación ante la clase. El predicador puede indicar si está en un culto de evangelismo o predicando para los cristianos.

B. No se le debe interrumpir hasta que termine, a menos que sobrepase el plazo fijado. Tenga un reloj a la vista del predicador para que no se extralimite. El maestro irá haciendo los apuntes para ayudarle después.

C. Si tiene grabadora, grabe el mensaje. Después escúchenlo y hagan los comentarios y sugerencias al punto debido. Esto es de inestimable valor para ayudar al alumno a superarse. Por supuesto, no se puede esperar de un grupo de principiantes en esta clase todos los detalles que se buscan en una clase más adelantada, pero una palabra de consejo ahora puede ayudarles en su ministerio futuro.

D. Si la clase es grande puede ser que tengan que dedicarle varios períodos de estudio a la predicación de los alumnos y la evaluación, ya que terminaron la parte teórica del curso.

E. A fin de calificar el trabajo se sugiere que el profesor use la siguiente planilla, o una similar, para cada alumno.

| Nombre: | | Fecha: | |
|---|---|---|---|
| *Sermón en Homilética I* | | | |
| Tipo de sermón: | | | |
| Tema: | | Texto: | |
| | Puntos | | |
| Lectura | Muy bueno | Bueno | Regular |
| Introducción | 3 | 2 | 1 |
| Título | | | |
| Postura | | | |
| Ademanes | | | |
| Expresión | | | |
| Voz-Variedad | | | |
| Uso de las Escrituras | | | |
| Ilustraciones | | | |
| Arreglo lógico | | | |
| Mensaje | | | |
| Aplicación | | | |
| Conclusión | | | |
| Libertad | | | |
| Total: | | | |
| Promedio: | | | |
| Firma: | | | |

## III. Adaptación para el curso por correspondencia

A. Llevarle a su consejero o supervisor una de las dos plani-
llas sueltas para la calificación de un sermón. Pídale que él
escuche su «predicación» y vaya observando cómo está en
los puntos indicados en la planilla. Marque en la columna
correspondiente si es muy bueno, bueno o regular en cada
aspecto.

B. Después de su predicación, converse con el supervisor sobre los resultados y cómo mejorar para la próxima vez.

C. El supervisor firmará su planilla y se la enviará al maestro.

## DÍA VEINTIUNO

### *Práctica (cont.)*

### I. Antes de la clase

A. Leer *La oración, fuente de poder*, capítulo 17.

B. Leer *Homilética Práctica*, capítulo 1.

C. Leer algún sermón de un libro de sermones, siguiendo las instrucciones de Hawkins sobre el análisis. (Si tiene disponible tal libro).

D. Durante los días siguientes vaya arreglando el material de los demás sobres en bosquejos completos con sus notas. Páselo en limpio para usarlo en cualquier ocasión. Si es posible, consiga un cuaderno con las hojas perforadas en el cual guardar sus sermones.

E. Ore mucho que Dios le dirija y busque la oportunidad de predicar los mensajes que el Señor le ha ayudado a extraer de su Palabra.

### II. En la clase

Continuar con la predicación y el análisis de los sermones.

### III. Adaptación para el curso por correspondencia

Escriba el sermón completo tal como lo predica y envíelo a su maestro. Esto es un ejercicio muy útil. Aunque es mejor usar notas y no leer el sermón ante el público, el hecho de haberlo escrito hace que se grabe mejor en la memoria y le ayuda en la predicación.

# DÍA VEINTIDÓS

## *Práctica (cont.)*

**I. Antes de la clase**

Usar el período de estudio para la predicación y el análisis.

**II. En la clase**

Concluir la predicación.

**III. Adaptación para el curso por correspondencia**

A. Pedirle a la misma persona que escuchó y calificó su primer sermón que use otra planilla y le califique mientras predica otro de los bosquejos que ha preparado.
B. En la planilla puede anotar cualquier mejoría que se puede observar. Debe firmarla y enviársela al maestro.

# DÍA VEINTITRÉS

## *Examen*

**I. Antes de la clase**

A. Leer *La oración, fuente de poder*, capítulo 18.
B. Hacer un repaso general de todo lo que se ha estudiado desde el último examen.

**II. En la clase**

Examen

### III. Adaptación para el curso por correspondencia

Hacer lo mismo que en su primer examen. Llevarlo sellado a la persona designada para supervisarlo, hacerlo en su presencia y entregárselo para que lo eche en el correo.

PARTE V

# EVALUACIÓN DEL
# PROGRESO LOGRADO

## DÍA VEINTICUATRO
### *Evaluación*

I. **Antes de la clase**

A. Leer *La oración, fuente de poder*, capítulo 19.
B. Repasar las metas dadas en la lección para el primer día. ¿Cuáles ha alcanzado? ¿Hacia el logro de cuáles ha hecho algún progreso? ¿En cuáles está débil?

II. **En la clase**

A. Revisar brevemente las respuestas correctas del examen.
B. Conversar por breves momentos sobre el uso de los bosquejos de los libros de texto mientras uno va desarrollando la habilidad para hacer los propios.
C. Dedicar más o menos la mitad del tiempo a conversar sobre las metas del curso y hasta dónde se han logrado, las expresiones sobre el beneficio de la lectura de *La oración, fuente de poder*, y algunas sugerencias en cuanto a cómo mejorar el curso en el futuro.
D. Dedicar el resto del tiempo a alabar al Señor por su ayuda y el progreso logrado y a orar por el poder del Espíritu en su ministerio.

### III. Adaptación para el curso por correspondencia

A. Escribir su testimonio con respecto a las metas y sus experiencias en la predicación durante este curso. Enviarlo al maestro.

B. Pedirle al pastor que toda la iglesia se una en una oración especial por usted para que el Señor lo unja con el Espíritu Santo y lo use en la predicación de su Palabra.

# BIBLIOGRAFÍA

Libros que se recomiendan para la biblioteca del instituto bíblico a fin de emplearse en los estudios homiléticos y como fuentes de material para la preparación de sermones. Los que llevan asterisco (*) se recomiendan como libros de texto en el plan de estudios CEIBAL. La clave para las casas publicadoras se da al final de la lista.

Arte cristiano de la predicación, El, A. M. Mergal, CUP
Arte de hablar bien en público, El, N. D. La Fuerza, EH
Así predicó Jesús, D. M. White, EDF
*Auxilios para predicadores*, LEC
    Tomo I, S. A. Williams
    Tomo II, G. M. J. Lear
    Tomo III, G. H. French
    Tomo IV, G. M. Airth
Bosquejos para sermones, E. Barocio, CPB
Bosquejos para sermones, Nos. 1-4, J. C. Varetto, JBP
*Cómo hablar bien en público e influir en los hombres de negocio*, Dale
    Carnegie
*Consejos para jóvenes predicadores*, Ernesto Trenchard, CLIE
Diccionario de anécdotas e ilustraciones, A. A. Almudévar, CBP
Discursos a mis estudiantes, C. H. Spurgeon, CBP
Doscientas anécdotas e ilustraciones, C. H. Spurgeon, AMA
Doscientas anécdotas e ilustraciones, D. L. Moody, AMA
Grandes palabras del evangelio, H. A. Ironside, CEP
Historia de la predicación, J. A. Broadus, CBP
Historia de la predicación cristiana, La, A. E. Garvie
* *Homilética*, Paul Finkenbinder, LB
* *Homilética Práctica*, Tomas Hawkins, JBP
Ilustraciones, C. L. Neal, CBP
Ilustraciones Selectas, A. Espinosa, CUP
*Manantiales del predicador*, V. Hargrave, EVL
*Manual de homilética*, Samuel Vila, JBP
Manual de homilética, A. Zambrano, CUP

* *Mensajero y su mensaje, El*, Alice Luce, EV

*Mil bosquejos para predicadores*, EV

*Oración, fuente de poder, La, E. M. Bounds, EEE (Otra traducción: El predicador y la oración, El Inca)

Parábolas del evangelio y bosquejos de sermones, C. L. Neal, CEP

*Pico y pala*, Demetrio Bazán, EV

*Predicador del evangelio y su predicación, El*, J. O. Williams, CBP

* Predicador: Pláticas a mis estudiantes, El, A. Treviño, CBP

*Predicando de los libros proféticos*, K. M. Yates, CBP

*Preparación de sermones bíblicos, La, A. W. Blackwood, CBP

*Psicología de la predicación y la obra pastoral, La*, T. H. Hughs, CBP

Por el ojo al corazón, G. C. Vaughters, NPH

Riquezas insuperables (Tomo II de Manantiales del predicador), A. T. Salazar, EVL

Romance de la predicación, El, C. S. Horne, LA

*Sencillos sermones doctrinales*, W. H. Ford, CBP

* *Sermón eficaz, El*, S. Crane, CBP

*Sermones de decisión*, Billy Graham, EDF

*Sermones de diez eminentes predicadores*, CBP

Sermones Doctrinales, C. H. Spurgeon, CBP

Sermones Evangélicos, C. H. Spurgeon, CBP

*Sermones*, Tomos I y II, Juan Wesley, ACP

Sermones para ocasiones especiales, V. D. Hargrave

*Sermones selectos de diez evangelistas famosos*, CBP

Siete palabras, Las, E. Lund, CBP

Temas de Apocalipsis, R. C. Moore, LEL

SECCIÓN II

# BOSQUEJOS ESCOGIDOS

*Por E. F. Blattner*

# LA ORACIÓN

**I. ¿Por qué es necesario orar?**

A. Porque la oración del justo es de mucho valor. Santiago 5:16.

B. Porque Cristo nos enseñó que lo hiciéramos. Lucas 18:1; 21:36.

C. Porque de esa manera no entraremos en tentación. Mateo 26:41.

**II. ¿Cuándo debemos orar?**

A. En épocas de peligro. Lucas 6:11-12.

B. A todas horas del día. Salmo 55:7.

C. De continuo. 1 Tesalonicenses 5:17.

D. En las épocas de aflicción o enfermedad. Santiago 5:13-15.

**III. ¿Cómo debemos orar?**

A. En el Espíritu. Efesios 6:18; Romanos 8:26; Judas 20.

B. Con entendimiento. 1 Corintios 14:14-15.

C. Con manos limpias, no albergando ira o contienda en nuestro corazón. 1 Timoteo 2:8; Salmo 24:3-4.

D. Pidiendo con fe, no dudando. Santiago 1:6; Marcos 11:23-24.

**IV. ¿Para qué debemos orar?**

A. Para que envíe obreros a la mies. Mateo 9:37-38.

B. Por todos los hombres. 1 Timoteo 2:1-3.

C. Por los que nos persiguen. Mateo 5:44.

D. Para tener paz en todo tiempo. Filipenses 4:6-7.

# ¿Qué hacer con el Cordero?

*Introducción: En el principio, Dios ordenó que cada persona ofreciera un cordero para la expiación de su pecado. Posteriormente, cuando los israelitas salieron de Egipto, mandó que cada familia ofreciera un cordero. Cuando Cristo fue inmolado en la cruz hubo otro cambio. Ahora Dios ordenó un Cordero para todo el mundo. Cristo es el Cordero de Dios que fue inmolado desde la fundación del mundo.*

*Veamos qué debemos hacer con este Cordero.*

I.  **Debemos mirar al Cordero de Dios (Juan 1:29).**

A.  En él hay salvación.
B.  Él quita el pecado del mundo. 1 Pedro 1:19-20.

II.  **Debemos comer del Cordero de Dios (Éxodo 12:8-11).**

A.  Cordero de Dios nos proporciona liberación, seguridad y vida eterna. Juan 6:53-57.

III. **Debemos compartir del Cordero de Dios con otros (Éxodo 12:4; Juan 1:29).**

IV. **Debemos adorar al Cordero de Dios.**

A.  Está sentado sobre el trono. Apocalipsis 5:6-13.
B.  Es digno de nuestra adoración. Apocalipsis 5:12; 7:9-14.

V.  **Debemos temer al Cordero de Dios.**

Un día se convertirá en nuestro Juez. Apocalipsis 6:15-17.

**Louie W. Stokes**

## CUATRO CONFESIONES
### Proverbios 28:13

*Introducción: Examinemos cuatro de las confesiones más grandes que jamás se han hecho. Dos de ellas se mencionan en el Antiguo Testamento y las otras dos en el Nuevo.*

I.   **La confesión de Faraón (Éxodo 10:16).**

   A.   Confesó su pecado, pero fracasó en dar el paso luego de que lo confesara. No abandonó su pecado.
   B.   Estaba separado de los hijos de Israel.
   C.   Se ahogó en el Mar Rojo y para siempre fue separado de Dios. Éxodo 15:19, 21.

II.  **La confesión de Acán (Josué 7:20).**

   A.   También confesó su pecado, pero no se olvidó.
   B.   El pueblo lo apedreó y lo quemó como castigo. Josué 7:25.
   C.   Fue separado de los hijos de Israel.
   D.   Quedó separado de Dios.
   E.   Por su pecado también pereció toda su familia.

III. **La confesión de Judas.**

   A.   «Yo he pecado». Mateo 27:4.
   1.   Él también fracasó al no olvidar su pecado.
   2.   Recogió lo que sembró. Gálatas 6:7. Esto se aplica tanto a las naciones como a los hombres.
   3.   Una vida santa exige separación del mundo.
   B.   Judas hizo su confesión ante los que no podían ayudarlo: se confesó a los sacerdotes.
   1.   Jesús es nuestro Sumo Sacerdote.
   2.   Él pagó el precio para que nosotros obtuviéramos el perdón.
   C.   El mismo día que el ladrón en la cruz le pidió perdón al

Señor, Judas buscó el consuelo de aquellos que no podían ayudarlo.

D. Aunque Judas tuvo oportunidad de presenciar todos los milagros que Jesús realizó, por unas treinta piezas de plata estuvo dispuesto a traicionar al Señor.

E. Aunque confesó su pecado, su fin fue trágico: se suicidó, de modo que quedó separado de Dios para siempre.

IV. **La confesión del hijo pródigo.**

A. «He pecado». Lucas 15:18.
   1. Su confesión fue similar a la de los otros tres hombres, pero él se alejó de su pecado.
   2. Hizo dos confesiones: una en la pocilga, versículo 18, y la otra en su hogar, versículo 21.
B. Se alejó de la pocilga.
   1. Los que confiesan y no se alejan permanecen en la pocilga del pecado.
   2. Si no se hubiera alejado del lugar de pecado no podría haber recibido los beneficios de la casa de su padre.
C. Su padre se mostró misericordioso; el Padre celestial también es misericordioso. Mateo 11:28.
D. El hijo pródigo es un ejemplo de cómo el reincidente debe disponerse a:
   1. Confesar. Lucas 15:18, 21.
   2. Olvidar. Lucas 15:18, 21.
   3. Humillarse. Lucas 15:19, 21.
E. El hijo pródigo se confesó donde debía y ante quien debía.

V. **Nuestra necesidad de confesar nuestros pecados.**

Salmo 32:5; 1 Juan 1:19; Romanos 10:9.

**Gene Forrest en** *Pulpit*

# AMOR FRATERNAL
### Hebreos 13:1

I. **El origen del amor fraternal.**

   A. Dios. 1 Juan 4:7.
   B. Es el fruto del Espíritu. Gálatas 5:22.

II. **Características del amor fraternal.**

   A. Negativas:
      1. No tiene temor. 1 Juan 4:18.
      2. No tiene envidia. 1 Corintios 13:4.
      3. No es jactancioso. 1 Corintios 13:4.
      4. No es indecoroso. 1 Corintios 13:5.
      5. No se irrita. 1 Corintios 13:5.
      6. No guarda rencor. 1 Corintios .13:5.
      7. No se goza de la injusticia. 1 Corintios 13:6.
      8. Nunca deja de ser. 1 Corintios 13:8.
   B. Positivas:
      1. Es sufrido. 1 Corintios 13:4.
      2. Es benigno. 1 Corintios 13:4.
      3. Se goza de la verdad. 1 Corintios 13:6.
      4. Es paciente. 1 Corintios 13:5.
      5. Todo lo espera. 1 Corintios 13:7.

III. **Aplicación del amor fraternal.**

   A. Para con los enemigos. Mateo 5:44.
   B. Para con el prójimo. Mateo 19:19.
   C. Para con los creyentes. Romanos 12:10.

**Tomado de** *Poder*

## DIOS VISTE AL MUNDO

*Introducción: Una conocidísima fábrica de pinturas al anunciar sus productos emplea un emblema que bien podría adaptarse para anunciar el evangelio de la expiación. Esta fábrica en sus anuncios representa al mundo recibiendo sobre sí una corriente roja de pintura. Debajo del anuncio se lee: «Cubrimos la tierra». Este anuncio debería recordarnos que un día, hace casi dos mil años, el Hijo de Dios derramó su sangre en el cruento madero para expiar y cubrir los pecados del mundo.*

I.  Dios viste a la tierra (Mateo 6:30).

II.  Dios vistió a los dos primeros pecadores (Génesis 3:21).

    A.  Fue necesario derramar sangre inocente.
    B.  Dios estableció el principio divino que sin derramamiento de sangre no hay remisión de pecados.

III. Dios vistió al sumo sacerdote Josué (Zacarías 3:1-4).

    A.  Josué tenía ropas viles.
    B.  Dios lo hizo vestir de ropas de gala.

IV.  Dios nos viste con vestiduras de salvación (Isaías 61:10) .

V.  Dios entregó a Cristo para que fuera nuestra vestidura, para que nos cubriera (Romanos 13:14; Filipenses 3:9) .

VI. Un día seremos revestidos de nuestra habitación celestial (2 Corintios 5:2-3).

H. J. Steil en *Pulpit*

# LA PROTECCIÓN DE DIOS

*Introducción: La Biblia nos advierte que vendrán días difíciles, 2 Pedro 3:10-12. Como creyentes no debemos desalentarnos, puesto que Dios ha tomado medidas para proteger a sus hijos.*

1. Un refugio. Salmos 61:3-4; 91:2.
2. Una torre fuerte. Salmo 61:3; Proverbios 18:10.
3. Una roca. Salmos 61:2; 71:3.
4. Compañía constante. Hebreos 13:5.

Conclusión: El gozo, la paz y el descanso permanecen en el corazón del creyente cuando las tormentas y juicios de Dios se desatan en el mundo.

**P. H. Nutt en** *Pulpit*

# UN PADRE EJEMPLAR
### Gálatas 3:7

*Introducción: La vida piadosa de Abraham debería constituir un ejemplo para todos los padres de nuestra era.*

1. Su vida piadosa, santa. Santiago 2:23.
2. Su preocupación por enseñar a los miembros de su familia a fin de que guardaran el camino de Jehová. Génesis 18:19.
3. Su especial interés por el bienestar de su hijo. Génesis 24:3-8.
4. Su mansedumbre, su interés en mantener los vínculos familiares. Génesis 13:8-9.
5. Su obediencia a los mandatos divinos. Hebreos 11:8; Génesis 26:5.
6. Su fe implícita en Dios. Hebreos 11:17-19; Romanos 4:18-21.
7. Su vida de oración, de intercesión. Génesis 13:4; 18:23-33.

8. Su comunión íntima con Dios. Génesis 15:1; 17:1-2.
9. Su vida toda fue bendecida por Dios. Génesis 24:1; Salmo 1:2-3.

**E. F. Blattner**

## LA FIDELIDAD DE DIOS

1. Fiel para perdonar. 1 Juan 1:9.
2. Fiel para guardar del mal. 2 Tesalonicenses 3:3.
3. Fiel para cumplir sus promesas. Hebreos 10:23; 11:11.
4. Fiel para interceder a nuestro favor. Hebreos 2:17.

**B. S. Williams en Poder**

## EL RELOJ DE ARENA DE DIOS
### 2 Pedro 2:2-9

*Introducción: Teniendo en cuenta la inminencia del retorno de Cristo, los creyentes deben dar prioridad a lo siguiente:*

1. Una vida de santidad. Colosenses 3:12-17; 2 Tesalonicenses 2:14-15.
2. La oración eficaz. 1 Tesalonicenses 5:17; Santiago 5:16.
3. La generosidad en el dar. Proverbios 28:27; Lucas 6:38; Hechos 20:35.
4. La fidelidad en cuanto a dar testimonio. 1 Corintios 1:21; 2 Timoteo 4:2.

**J. Occhipinti en** *Pulpit*

## EL PECADO, CÓMO LIBRARNOS DE ÉL
### Proverbios 28:13

I.  ¿Qué es el pecado? 1 Juan 3:4.

II. ¿Quiénes son víctimas del pecado? Romanos 3:23; 5:12.

III. ¿Cuál es la paga del pecado? Romanos 6:23; Ezequiel 18:4.

IV. ¿Cuál es a menudo la actitud del pecador hacia el pecado? Génesis 3:8; Josué 7:21.

V.  ¿De qué manera los pecados ocultos afectan al hombre? Proverbios 28:13.

VI. ¿Cómo puede el hombre librarse del pecado?
   A.  Confesándolo a Dios. 1 Juan 1:9; Lucas 18:13.
   B.  Confesándolo al prójimo cuando sea menester hacerlo. Santiago 5:16.

*Conclusión: Los resultados que producen los pecados confesados son el perdón y la limpieza. 1 Juan 1:9; Lucas 18:14.*

**L. G. Cranor en** *Pulpit*

## ¿QUÉ PENSÁIS DEL CRISTO?
### Mateo 22:42

*Introducción: Se trata de una de las preguntas más importantes que se puedan formular puesto que el destino eterno del hombre depende de cómo la conteste.*

I.  ¿Qué pensaron de Cristo los santos del Antiguo Testamento?

   A.  Isaías: «Admirable, Consejero, Dios fuerte, Padre eterno, Príncipe de paz». Isaías 9:6.
   B.  David: «Mi pastor». Salmo 23.

**II.   ¿Qué pensaron de Cristo los santos de la era neotestamentaria?**

A.   Pedro: «Tú tienes palabras de vida eterna», «Tú eres el Cristo, el Hijo del Dios viviente». Juan 6:68-69.

B.   Pablo: «Estimo todas las cosas como pérdida [...] para ganar a Cristo». Filipenses 3:8.

**III. ¿Qué pensaron de Cristo sus enemigos?**

A.   Los alguaciles: «¡Jamás hombre alguno ha hablado como este hombre!». Juan 7:46.

B.   Pilato: «Ningún delito hallo en él». Juan 19:4, 6.

C.   El centurión: «Verdaderamente éste era Hijo de Dios». Mateo 27:54.

D.   Judas: «He pecado entregando sangre inocente». Mateo 27:4.

**IV. ¿Qué piensa de Cristo su esposa, la iglesia?**

A.   «Oh, tú a quien ama mi alma». Cantares 1:7.

B.   «Mi amado [...] señalado entre diez mil». Cantares 5:10.

C.   «Todo el codiciable». Cantares 5:16.

D.   «Mi amado». Cantares 2:16.

**V.   ¿Qué piensan de Cristo las huestes celestiales?**

A.   Los ancianos: «Digno eres de recibir la gloria y la honra y el poder». Apocalipsis 4:11.

B.   Los ángeles: «El Cordero que fue inmolado es digno de tomar el poder, las riquezas, la sabiduría, la fortaleza, la honra, la gloria y la alabanza». Apocalipsis 5:12.

*Conclusión: ¿Qué piensa usted de Cristo?*

**J. R. Trivett en** *Pulpit*

# ACERCÁNDOSE A DIOS
### Santiago 4:8

I. **Acercarse a Dios es un mandato.**

    A. A quiénes les fue dado este mandamiento.
        1. A los judíos creyentes.
        2. A todos los cristianos indirectamente.
    B. Por qué les fue dado este mandamiento.
        1. Con el propósito de corregir errores.
        2. Para evitar la mundanalidad. 2 Corintios 6:17-18.
        3. Para estimular la vida cristiana.

II. **De qué manera es posible acercarse a Dios.**

    A. Por medio de la sangre de Jesucristo.
        1. Confesando los pecados. 1 Juan 1:9.
        2. Recibiendo el perdón de los pecados. 1 Juan 1:9.
    B. Por medio de la oración. Mateo 6:6.
    C. Por la lectura de su Palabra. Salmo 119:11.

III. **Los resultados de acercarse a Dios.**

    A. Victoria sobre el pecado. 1 Corintios 10:13.
    B. Paz en el corazón. Juan 14:27.
    C. Comunión con Dios. 1 Juan 1:3.
    D. Vida fructífera. Gálatas 5:22-23.

**Tomado de** *Poder*


# LA SEGUNDA VENIDA DE CRISTO

*La Segunda Venida de Cristo es:*
1. El tema de las Escrituras. Génesis 49:10; Colosenses 3:4.

2. El himno de los videntes. Números 24:15-19.
3. La predicción de los profetas. Isaías 9:6-7; Daniel 7:13-14.
4. La esperanza de los apóstoles. 2 Pedro 1:11, 16-19.
5. La oración del pueblo de Dios. Mateo 6:10.
6. La promesa del Salvador. Juan 14:3.
7. El anhelo de los santos. 1 Juan 3:2-3; Romanos 8:24-25.
8. El consuelo de la iglesia. 1 Tesalonicenses 4:13-18.
9. La recompensa de los justos. 2 Timoteo 4:8; Hebreos 9:28.
10. El clamor de los cristianos. Apocalipsis 22:20.
11. La salvación de Israel. Romanos 11:26; Lucas 2:34.
12. El deseo de las naciones. Hageo 2:6-7.
13. El terror de los impíos. 2 Tesalonicenses 1:7-9.
14. El anhelo de la creación. Romanos 8:18-22.
15. La culminación de la redención. 1 Corintios 15:51-54; Apocalipsis 19:5-9.

W. B. McCafferty en *Pulpit*

## LA SEGUNDA VENIDA DE CRISTO
### Tesalonicenses 4:13-18

*Introducción: El que la segunda venida de Cristo sea una de las doctrinas a la que se le da mayor énfasis en las Escrituras lo podemos deducir por las veces que se hace referencia a ella. Se menciona más de trescientas veces mientras que tan solo se hacen unas setenta referencias relativas al arrepentimiento, menos de veinte con respecto al bautismo en agua y unas seis concernientes a la santa cena.*

I. **La realidad de su Segunda Venida.**

A. «Vendré otra vez». Juan 14:3.
B. «Este mismo Jesús [...] así vendrá». Hechos 1:11.
C. «El Señor mismo». 1 Tesalonicenses 4:16.

## II. La razón de su Segunda Venida.

A. Para tomarnos a sí mismo. Juan 14:3.
B. Para recompensarnos. Mateo 16:27.

## III. La resurrección a su Segunda Venida.

A. Los muertos en Cristo resucitarán primero. 1 Tesalonicenses 4:16.
B. Los vivos serán transformados en un momento. 1 Corintios 15:51-52.
C. Seremos semejantes a él. 1 Juan 3:2-3.

## IV. La reunión a su Segunda Venida.

A. Nos encontraremos con los que nos han precedido. 1 Tesalonicenses 4:13-14.
B. Veremos a Cristo. 1 Juan 3:2.

## V. Cómo será su Segunda Venida.

A. Vendrá inesperadamente. Mateo 24:44; Apocalipsis 16:15.
B. Debemos ser sobrios y velar. 1 Tesalonicenses 5:6; Lucas 21:34, 36.

**C. M. Pentz en** *Pulpit*

## VIVIENDO EN LA LUZ

1. Trabajando. «Me es necesario hacer las obras del que me envía, entre tanto que el día dura». Juan 9:4.
2. Luchando. «La noche está avanzada [...] vistámonos las armas de luz». Romanos 13:12.
3. Andando «como hijos de luz». Efesios 5:8.

4.  Testificando. Resplandeciendo «como luminares en el mundo». Filipenses 2:15.
5.  Velando. «No somos de la noche ni de las tinieblas. Por tanto, no durmamos como los demás, sino velemos y seamos sobrios». 1 Tesalonicenses 5:5-6.

**R. C. Cunningham en** *Pulpit*


## LA ESPERANZA DE LOS JUSTOS
### Proverbios 14:32

*Introducción: Pablo dice: «Si en esta vida solamente esperamos en Cristo, somos los más dignos de conmiseración de todos los hombres». 1 Corintios 15:19. Los hijos de Dios, empero, tienen una gloriosa esperanza de vida más allá de la tumba.*

1.  Esperan la resurrección. Job 19:26-27; Hechos 24:15; Romanos 8:11.
2.  Esperan recibir un cuerpo nuevo. 1 Corintios 15:35-44.
3.  Esperan el cielo. Juan 14:2-3; Apocalipsis 21:2-3.
4.  Esperan ver a sus seres amados. 2 Samuel 12:23.
5.  Esperan la vida eterna. Juan 6:27, 54.

*Conclusión: Para finalizar el mensaje refiérase a 1 Corintios 15:54-57.*

**Stanley P. MacPherson en** *Pulpit*


## PARA PERMANECER EN CRISTO
### Juan 15:1-8

*Introducción: En las páginas de las Sagradas Escrituras hallamos algunas evidencias que atestiguan si en verdad permanecemos en Cristo o no. Examinemos algunas de esas evidencias.*

1. Andaremos como él anduvo. 1 Juan 2:6.
2. Obedeceremos a Cristo. Juan 15:10; 1 Juan 3:24.
3. Disfrutaremos de la presencia de su Espíritu Santo. 1 Juan 4:13.
4. Recibiremos contestación a nuestras oraciones. Juan 15:7.
5. Llevaremos fruto. Juan 15:4-6.
6. Tendremos confianza a su venida. 1 Juan 2:28.

**F. H. Jarvis en** *Pulpit*

# LOS OJOS DE JEHOVÁ
## Proverbios 15:3

### I. Sus ojos contemplan el mal

A. Lo vio en los días de Noé. Génesis 6:5.
B. Lo vio en Sodoma. Génesis 18:20-21.
C. Lo vio en Egipto. Éxodo 3:7.
D. Lo vio en Acán. Josué 7:1.
E. Lo vio en Nínive. Jonás 1:2.
F. Lo vio en Saúl. 1 Samuel 15:19,
G. Lo vio en el rey Acab. 1 Reyes 21:20.

### II. Sus ojos contemplan el bien.

A. Lo vio en Noé. Génesis 6:8.
B. La vio en José. Génesis 39:2-3.
C. Lo vio en Daniel. Daniel 6:22.

*Conclusión: Del mismo modo que Dios pudo ver el mal y el bien en las generaciones que nos han precedido, lo puede ver hoy día. Este pensamiento debe traer convicción al corazón del pecador y a la vez servir de consuelo para el creyente.*

**L. G. Cranor en Pulpit**

# MANIFESTACIÓN DEL PODER DE CRISTO
### Mateo 8; Romanos 1:4; Hebreos 13:8

*Introducción: En el Evangelio según San Mateo se nos presenta a Cristo como el Rey de los judíos. Un rey presupone un reino. Un rey debe tener súbditos, debe contar con una esfera de dominio. Todas las manifestaciones de autoridad de Cristo fueron puestas en tela de juicio por Satanás en ocasión de la tentación en el desierto. A fin de socavar el reinado de Cristo, Satanás reclamó para sí bienes que en realidad no tenía, prometió dones que no podría otorgar y buscó que se le tributara una adoración que no le correspondía.*

*En el poder del Espíritu el Señor no solo resistió, sino también hizo frente a este atentado para socavar su autoridad y confirmó su reinado al demostrar su poder en cada una de las esferas de la necesidad humana.*

I.  **Su poder sobre las enfermedades (Mateo 8:1-18).**

    A.  Lepra. Mateo 8:1-4.
        1.  El ruego, «si quieres», versículo 2.
        2.  La respuesta, «quiero; sé limpio», versículo 3.
        3.  Las instrucciones, «no lo digas a nadie [...] muéstrate», versículo 4.
    B.  Parálisis. Mateo 8:5-13.
        1.  El ruego, «mi criado está postrado en casa, paralítico», versículo 6.
        2.  La respuesta, «iré y le sanaré», versículo 7.
        3.  La reacción, «no soy digno», versículo 8.
        4.  El resultado, expresión de gran fe, versículo 10; formulación de una advertencia, versículos 11-12; el criado sanado por fe, versículo 13.
    C.  Fiebre. Mateo 8:14-18.
        1.  El ruego; Cristo se compadeció, versículo 14.
        2.  La reacción; Cristo la sanó, versículo 15.
        3.  El resultado, la mujer se levantó y los atendía, versículo 15.

## II. Su poder sobre el espíritu de los hombres (Mateo 8:19-22).

A. Los atrae. Mateo 8:19.
B. Los pone a prueba para comprobar el verdadero discipulado. Mateo 8:20-22.

## III. Su poder sobre la naturaleza (Mateo 8:23-27).

A. La situación: a bordo de la nave, en alta mar, versículo 23.
B. La tormenta, grande y repentina, versículo 24.
   1. Sintieron temor.
   2. Gritaron pidiendo auxilio.
   3. Carecieron de fe cristiana.
C. La calma.
   1. Jesús reprochó su falta de fe.
   2. Jesús reprendió a los vientos y al mar.
   3. Sobrevino la calma.
D. El resultado, se maravillaron, versículo 27. Un temor reverencial se posesionará de nosotros al reconocer el poder ilimitado de Jesús.

## IV. Su poder sobre los demonios (Mateo 8:28-34)

A. El ruego, los demonios clamaron, versículos 29, 31.
B. La respuesta a los demonios: «Id», versículo 32.
C. Los resultados:
   1. Los demonios entraron en los animales y los hicieron precipitarse al mar por un despeñadero, versículo 32.
   2. El hombre quedó libre.
   3. La gente le rogó que se fuera de sus contornos, versículo 34.

*Conclusión: Cristo es Todopoderoso. ¿Le permitirán que viva, reine y gobierne en sus corazones?*

**P. M. Munro** en *Pulpit*

# SABIO PERO NECIO
## 1 Reyes 11:4-13

*Introducción: El reinado de Salomón puede dividirse en tres etapas: (1) el período de su sabiduría; (2) el período de construcción y (3) el período de apostasía.*

I. **La época de la apostasía de Salomón.**

    A. Al llegar a la vejez. 1 Reyes 11:4.
    B. Cuando sus riquezas habían alcanzado el máximo. 1 Reyes 10:23-29.
    C. Cuando se le habían formulado repetidas advertencias. 1 Reyes 11:2.

II. **La naturaleza de la apostasía de Salomón.**

    A. Al desobedecer poco a poco los mandamientos de Dios, aumentando en su reino el número de caballos, esposas, plata y oro, cosas que estaban prohibidas. Deuteronomio 17:16-17.
    B. Sentimientos divididos, amó a muchas mujeres extranjeras. 1 Reyes 11:1.
    C. Se unió en yugo desigual con esas mujeres. 1 Reyes 11:2-3.
    D. Se volvió a la idolatría. 1 Reyes 11:4.

III. **Los resultados de la apostasía de Salomón.**

    A. Acarreó la ira de Dios sobre sí mismo. 1 Reyes 11:9.
    B. Resultó en la división de su reino. 1 Reyes 11:11-13.

**J. C. Phillis en** *Pulpit*

## LA PROMESA DE PENTECOSTÉS

I. **En el Antiguo Testamento.**

   A. Se promete en Joel 2:28-29; Isaías 32:15; Zacarías 4:6.

II. **En el Nuevo Testamento.**

   A. Juan el Bautista. Mateo 3:11.
   B. Jesús. Lucas 11:13; 24:49; Juan 7:38-39; 14:16-17; 16:7-13; Hechos 1:8.
   C. Pedro. Hechos 2:38-39.
   D. Pablo. Efesios 1:13-14.

III. **La promesa incluye:**

   A. Vida. Juan 6:63; Romanos 8:11; 2 Corintios 3:6; 1 Pedro 3:18.
   B. Poder. Hechos 1:8; 4:31-33.
   C. Vida fructífera. Marcos 16:17-18; Hechos 5:12.

IV. **La promesa se recibe por:**

   A. Arrepentimiento. Hechos 2:38.
   B. Obediencia. Hechos 5:32; Malaquías 3:10.
   C. Fidelidad. Lucas 24:49.
   D. Amar a Dios. Efesios 3:19.
   E. Smolchuck en Pulpit

## EL QUE ESTÁ EN CRISTO
### 2 Corintios 5:17

1. Andará como él anduvo. 1 Juan 2:6.
2. Sabrá apreciar su voz. 1 Juan 2:24; Juan 10:3-5.

3. Guardará su ley. 1 Juan 3:24.
4. Se apartará del mal. 1 Juan 3:6.
5. Amará a sus semejantes. 1 Juan 4:16.
6. Llevará mucho fruto. Juan 15:5.
7. Proclamará el mensaje de Cristo. Hechos 1:8.

**Tomado de** *Poder*

## EL SECRETO DEL ÉXITO
### Génesis 6:8

1. Noé recibe instrucciones de Dios. Génesis 6:13-21.
2. Noé cree las instrucciones de Dios. Hebreos 11:7; Génesis 7:7; 8:20.
3. Noé obedece las instrucciones de Dios. Génesis 6:22; 7:5.
4. Noé comprueba la fidelidad de Dios. Génesis 7:17; 8:1.

**B. M. Ruble en Pulpit**

## UN TESTIGO DE CRISTO

1. ¿Cuándo? Día y noche. Isaías 62:6.
2. ¿De qué manera? Con el poder del Espíritu Santo. Hechos 1:8.
3. ¿En dónde?
   A. En el hogar. Marcos 5:18-19.
   B. En los caminos y los vallados. Mateo 22:9; Lucas 14:23.
   C. En la congregación. Efesios 5:19-20.

## PRIVILEGIOS DEL NUEVO PACTO
### Hebreos 10:17-23

I. **Un camino de salvación.**

    A. Los pecados son borrados, versículo 17.
    B. Se recibe la victoria espiritual, versículo 16.
    C. La certeza de una herencia celestial, versículo 34.

II. **Un andar en çomunión.**

    A. Acceso al Lugar Santísimo, versículo 19.
    B. Entrada a la presencia de Dios, versículo 20. (Para la descripción de la rotura del velo del templo lea Mateo 27:50-51).
    C. Ayuda de parte de nuestro Sumo Sacerdote, versículo 21. (Casa se refiere a los creyentes, incluso a todos los salvados y amados de Dios).

III. **Una palabra de aliento.**

    A. Nos anima a allegarnos a Dios, versículo 22.
    B. Nos alienta a confiar, versículo 23.

**S. Williams en Pulpit**

## SE LLAMARÁ SU NOMBRE MARAVILLOSO
### Isaías 9:6

«Y se le dará por nombres suyos: Maravilloso...». Isaías 9:6 (versión moderna).

I. **Maravilloso en su nacimiento.**

    A. Fue planeado antes de la fundación del mundo, profetizado desde Adán. Génesis 3:15.

    B. Su origen: Dios, su Padre; una virgen, su madre. Era Dios y Hombre. Mateo 1:20.

    C. Anunciado por los ángeles y una estrella. Lucas 2:9, 13; Mateo 2:2.

    D. Siendo Dios, nació en un establo; siendo rico, se hizo pobre; pasó de la omnipotencia a la debilidad de un niño. ¡Adorémosle!

II. **Maravilloso en su vida, muerte, resurrección y ascensión.**

    A. Su vida: sin mancha, sin pecado; perfecto en palabras, hechos, pensamientos. Hizo la voluntad de su Padre. Fue bondadoso, amoroso y compasivo con el hombre.

    B. Su muerte: fue traicionado, murió perdonando a sus enemigos; el sol se ocultó; la naturaleza se cubrió de tinieblas como de luto. Dio su vida por el mundo y obtuvo vida eterna para la humanidad.

    C. Su resurrección: rompió las cadenas de la muerte, resucitó y les aseguró a sus seguidores que también resucitarán y vivirán para siempre.

    D. Su ascensión: volvió al cielo y ahora intercede por los suyos. Romanos 8:34. Venció a la muerte, a Satanás y al infierno.

III. **Maravilloso en su segunda venida.**

    A. Vendría no como un niño, sino como un rey glorioso, acompañado de los ángeles y los redimidos. 1 Tesalonicenses 4:14-17.

    B. Reinará sobre la tierra; habrá paz y justicia en el mundo entero. Apocalipsis 20:6; Isaías 11:4-9; Habacuc 2:14.

*Conclusión: Él desea manifestarse en su vida como el Maravilloso. Nació en carne para que usted pudiera nacer del espíritu. Se hizo pobre para que usted fuera hecho rico por la eternidad. Murió por sus pecados para que usted tuviera perdón y vida eterna. Vive para interceder a su favor. Déle cabida en su corazón. Invítele a que venga a morar en su vida y entonces podrá comprobar que su nombre es Maravilloso*

E. F. Blattner

## MENSAJE DE LA TUMBA ABIERTA
### Mateo 28:1-10

*Introducción: Al estar Cristo en la tumba, había gozo en el infierno y en el corazón de los inicuos; había consternación, tristeza y temor en los discípulos. En el templo sacrificaron al cordero pascual sin saber que el Cordero de Dios había sido sacrificado de una vez para siempre.*

I.  **Amanece el primer día de la semana.**

A.  Día consagrado para siempre.
B.  Las mujeres van al sepulcro consternadas, se preguntan quién les removerá la piedra.
C.  Dios se les había adelantado. Versículo 2. Aprendamos a confiar en él en toda dificultad. Todavía tiene ángeles para ayudarnos y quitar los obstáculos.
D.  Hora del triunfo de Jesús. Sufrió solo pero ahora los ángeles lo anuncian.

II. **El mensaje del ángel.**

A.  «No temáis». Tres días de temores, pero ahora se les anuncia paz. Es un mensaje para todo creyente, para cada día, porque Cristo ha resucitado. Él conoce a los suyos.
B.  «No está aquí [...] ha resucitado». No está muerto. No se

halla en procesiones, imágenes, crucifijos, tumbas. ¡Ha resucitado! En la tumba de nuestros amados podemos decir: «No está aquí», porque Cristo resucitó. 1 Corintios 15:54-55; Hebreos 2:14-15.

C. «Venid, ved», no un cuerpo muerto, sino un sepulcro vacío, símbolo y promesa de la resurrección de todos los creyentes.

D. «Id [...] y decid». Proclamad las gloriosas nuevas. Satanás ha sido vencido para siempre. La muerte, el último enemigo, ha sido derrotada.

E. «Va delante». Promesa hecha a todo creyente, su presencia para toda la vida. Mateo 28:20; Juan 10:4; Hebreos 13:5-6.

F. «Le veréis». Galardón. Por fe. 1 Pedro 1:8; su venida. 1 Juan 3:2.

### III. El mensaje de Jesús (Mateo 28:10; Juan 20:15).

A. Él, triunfante, piensa en sus hermanos, en su iglesia, en el triunfo final.

B. «No temáis». Versículo 10. En su presencia hay gozo, paz, seguridad.

C. «¿Por qué lloras?» Cristo está cerca, ha vencido. Toda tribulación, tristeza y duelo tiene su remedio en él. ¡No llores!

D. «María». Nos conoce por nombre y sabe nuestras necesidades.

E. «No me toques». Como Sumo Sacerdote presentará su sangre delante del Padre a favor del pecador.

F. «Ve [...] y diles». Su mandato a todos los suyos. Marcos 16:15.

### IV. Lo que su resurrección significa.

A. Si no hubiera resucitado, Satanás sería el vencedor y nosotros estaríamos sin perdón, no seríamos salvos y estaríamos condenados. 1 Corintios 15:14-18.

B. Cristo resucitado es el sello de Dios sobre su obra y sacrificio y la garantía de nuestra resurrección y redención.

C. Cristo resucitado ahora está a la diestra del Padre, intercediendo por nosotros, y de allí vendrá otra vez a recibirnos en el aire, y así estaremos para siempre con él.

E. F. Blattner

## LOS PENSAMIENTOS DIVINOS Y LOS PENSAMIENTOS HUMANOS
### Isaías 55:8

*Introducción: Así como existe diferencia entre el pensamiento de los niños y el de sus padres, de la misma manera hay diferencia entre el pensamiento de Dios y el de los hombres. Cuando surgen estas diferencias es porque el hombre no ha podido comprender las cosas tal como son. Examinemos los pensamientos de Dios y los de los hombres con relación a cuatro puntos de trascendental importancia.*

I. **Acerca del pecado.**

A. El hombre se cree que es lo suficientemente bueno como para entrar en el cielo.
1. Se compara con otros y se justifica.
2. Cree que sus maldades no son tantas como para merecer el castigo.
3. Piensa que el pecado es algo natural y por lo tanto el hombre no debe ser castigado.
B. Dios dice:
1. Que el pecado merece la muerte. Romanos 6:23.
2. Que no hay justos. Romanos 3:10, 23.
3. Que el que ofende en un punto de la ley es culpado de todo. Santiago 2:10.

**II. Acerca de la salvación.**

   A. El hombre cree que puede salvarse a sí mismo:
      1. Haciendo lo mejor que puede.
      2. Si es sincero en su religión.
   B. Dios dice:
      1. Que solo en Cristo hay salvación. Hechos 4:12; Juan 3:36.
      2. Que las buenas obras no nos justifican. Efesios 2:8-9.

**III. Acerca de la vida presente.**

   A. El hombre piensa que esta vida es para gozarse. Lucas 12:16-19.
   B. Dios dice que es una oportunidad a fin de prepararse para la vida futura. Lucas 12:20-21.

**IV. Acerca de la vida futura.**

   A. El hombre cree:
      1. Que nada se sabe en realidad del más allá.
      2. Que la muerte arreglará todo.
   B. Dios dice que hay un cielo que ganar y un infierno que evitar. Hebreos 9:27; 2 Pedro 3:11-13; Apocalipsis 22:14-15.

*Conclusión: Puesto que la sabiduría de Dios es superior a la de los hombres, el hombre debe reconocer lo erróneo de sus propios pensamientos y adaptar su vida a la Palabra de Dios, que permanece para siempre.*

**M. L. Hodges**

# LA GRANDEZA DE LA COMISIÓN EVANGÉLICA
## Mateo 28:18-20

*Introducción: Cristo había muerto, resucitado, y antes de ascender al cielo deseaba encargarles a sus discípulos que llevaran a cabo la obra del evangelio. Notemos la grandeza de las promesas y la magnitud de la tarea.*

I.   **Una autoridad completa (Mateo 28:18).**

A.   Cristo la había demostrado durante su ministerio.
   1.   Sobre la naturaleza. Mateo 8:26.
   2.   Sobre la enfermedad. Mateo 8:16.
   3.   Sobre la muerte. Mateo 9:18, 25; Juan 11.
B.   Su resurrección es una demostración irrefutable.
   1.   Venció a la muerte.
   2.   El gobierno romano no podía impedir su victoria.
   3.   Satanás no podía evitar su triunfo.
   4.   Venció al pecado y la enfermedad.

II.  **Un alcance completo (Mateo 28:19).**

A.   A toda criatura. Marcos 16:15.
B.   En todo el mundo. Mateo 24:14.
C.   A todas partes de la tierra. Hechos 1:8. Nosotros, los creyentes, debemos darles el mensaje a todos. Debemos testificarles a nuestros vecinos y enviar misioneros a predicar a los demás países.

III. **Un mensaje completo (Mateo 28:20).**

Debemos llevarles a las almas el pleno evangelio.
A.   Salvación para el alma.
B.   Sanidad para el cuerpo.
C.   La plenitud del Espíritu Santo.

D.  La promesa de la segunda venida de Cristo.

## IV. Una promesa completa (Mateo 28:20).

A.  Estará con nosotros hasta el fin.
B.  No nos dejará ni por un solo día.
C.  ¿Qué más deseamos si él nos acompaña?

*Conclusión: Cumpliendo su mandato de ir con el evangelio podemos estar seguros de que él cumplirá su promesa de estar con nosotros, en toda potestad, todos los días.*
Melvin L. Hodges

## TENDRÉIS TESOROS EN EL CIELO
### Marcos 10:21

## I.  La historia del joven rico.

A.  Sus riquezas, sabiduría, cultura, posición.
B.  Su deseo de Dios, su corazón no satisfecho.
C.  Acude a la persona que le puede ayudar, Jesús.
D.  Jesús lo amó, lo enseñó, lo llamó y le ofreció tesoros celestiales. El amó los tesoros del mundo y se fue.

## II.  ¿Cuáles son los tesoros en el cielo?

A.  Gozo eterno. Salmo 16:11.
B.  El amor y la comunión del Salvador y el Padre.
C.  Ser como Cristo. Salmo 17:15. Heredero con él.
D.  Hogar eterno: calles de oro, puertas de perla, arpas, músicas, ángeles. «Ni aun se me dijo la mitad». 1 Reyes 10:6-8; 1 Corintios 2:9-10; Apocalipsis 21:10-11, 18-21.
E.  Ningún juicio, ninguna condenación. Pablo consideró

las riquezas terrenas como basura para ganar los tesoros celestiales.

### III. ¿Cómo se pueden obtener? ¿Qué ocurrirá si los perdemos?

A. Los obtendremos siguiendo a Cristo en arrepentimiento, fe y obediencia.
B. El joven rico despreció el tesoro celestial, murió sin esperanza y recibió juicio, ira y condenación eterna.
C. Rechazar a Cristo implica una pérdida eterna. ¿Seguirá a Cristo o le dará la espalda?

### IV. Algunos que siguieron y obtuvieron su tesoro.

A. Moisés dejó las riquezas de Egipto para alcanzar un tesoro celestial. Hebreos 11:23-28.
B. Abraham oyó, obedeció y alcanzó. Hebreos 11:8-10.
C. Pablo perdió todo aquí, pero obtuvo un tesoro eterno. 2 Timoteo 4:7-8.
D. Multitudes han alcanzado tesoros en el cielo.
E. Miles, como el joven rico, pierden el tesoro celestial.

*Conclusión: ¿Qué hará con la invitación que le hace Cristo? Tiene una sola vida, una oportunidad. Tome la decisión más importante de su vida: siga a Cristo y tendrá tesoros en el cielo.*

E. F. Blattner

## EL JUSTO FLORECERÁ COMO LA PALMA
### Salmo 92:12

*Introducción: La palma es símbolo del cristiano. Al considerar el lugar de su crecimiento, su desarrollo, su fruto, su utilidad, hallamos instructivas lecciones espirituales.*

## I. Su crecimiento.

A. Muchos árboles crecen por la adición de capas externas. La palmera datilífera crece desde adentro. Su corazón es blando. Nunca se pudre. Así es el cristiano; su desarrollo depende de un corazón lleno del Espíritu y la Palabra de Dios.

B. La palma crece en el desierto, lugar de sequedad y desolación; florece y da fruto donde otros árboles mueren. Así el cristiano en circunstancias difíciles y en un mundo desierto, crece y da fruto para Dios.

C. El desierto no ejerce influencia sobre la palma. El cristiano no se deja influir por el mundo. José en Egipto y Daniel en Babilonia son dos ejemplos.

D. La palma no se nutre de la arena del desierto. Vive porque sus raíces hallan aguas profundas. El cristiano no participa del mundo, halla aguas vivas. Juan 7:38; Salmo 1:3.

## II. Su hermosura.

A. La palma es símbolo de hermosura. El cristiano debe ser hermoso, con la hermosura que el Espíritu da.

B. La palma es notable por su tallo recto. Aunque se le amarre un peso, crecerá recta. Así debe ser el cristiano, ningún peso, trabajo, dificultad o tentación debe torcerle ni impedir su crecimiento.

## III. Su fruto.

La palma es notable por su abundante fruto. Crece hasta 60 metros, se yergue hacia el sol y lleva su fruto cerca de la copa. El cristiano debe acercarse a Cristo y llevará mucho fruto. Gálatas 5:22-23; Juan 15:5.

## IV. Su utilidad.

A. La palma toda, fruto, tronco, hojas y raíz, es útil al hombre;

se aprovecha para trescientos sesenta distintos usos. Esto sugiere la actividad y el servicio del cristiano, una vida llena de misericordia, buenas obras, testimonio fiel.

B.  La palma se reproduce: siembre una palma y otras nacerán, pronto crecerá hierba y surgirá un oasis. Las raíces traen agua a la superficie y el viajero sediento halla agua, alimento, sombra, descanso. ¡Qué retrato de lo que debe ser el cristiano!

V.  **Su separación.**

A.  La palma es un tipo de la separación. No acepta injertos, no puede ser unida con otros árboles. 2 Corintios 6:14-18. El cristiano debe distinguirse por su separación del mundo.

B.  La palma es símbolo del triunfo. Juan 12:13; Apocalipsis 7:9. El cristiano debe llevar una vida victoriosa por medio de aquél que mora en él.

**Tomado de** *Poder*

## LOS RESULTADOS DE OÍR LA PALABRA DE DIOS
### 1 Tesalonicenses 1:9-10

*Introducción: Los tesalonicenses eran paganos, idólatras, cuando Pablo fue a predicarles el evangelio, fue rechazado y perseguido por muchos, mas algunos le recibieron (1:5). Aquí vemos el poder y el resultado del evangelio en los que creen.*

I.  **«Se convirtieron de los ídolos».**

A.  Los paganos e idólatras no conocen a Dios. Sirven a ídolos de madera, piedra o metal. Reconocen los poderes sobrenaturales, pero no saben de dónde procede el poder. El servicio a los ídolos está siempre conectado con el pecado, la inmoralidad. Tras de ello está Satán. 1 Corintios 10:20.

B. Dios es Espíritu, no puede ser visto ni tocado; es eterno, no hecho por manos de hombre; es adorado por el corazón y no por vista.

C. Siempre se ha revelado a la conciencia y el corazón y no a los ojos.

D. Dios ha dicho: «No te harás imagen». Éxodo 20:4.

## II. «Para servir al Dios vivo».

A. ¡Qué gran diferencia! De orar a imágenes que no tienen poder, que han de ser vestidas, llevadas en hombros, paseadas... a orarle a Dios, invisible, pero siempre presente, amante, poderoso, que oye y ayuda a los que en él confían.

B. Creador, Salvador.

C. Salvados para servir. Antes sirvieron a Satán, «erais esclavos del pecado». Romanos 6:17-19.

D. ¿Cómo le sirvieron? Por la consagración de todo el ser. Romanos 12:1, 2. Santificados para hacer su voluntad.

## III. «Y esperar a su Hijo de los cielos».

A. Pablo les había enseñado que el Señor vendría otra vez.

B. Hemos de velar, con un corazón limpio, una vida consagrada, el amor ardiente, haciendo su voluntad. 2 Timoteo 4:8.

C. Hemos de vencer al pecado, el descuido, la incredulidad. Apocalipsis 2:7, 11, 17, 26; 3:5, 12, 21.

**E. F. Blattner**

# LA LIBERACIÓN DE UN HOMBRE DE SU ENEMIGO ESPIRITUAL
### Salmo 18:16-19

*Introducción: Este es un salmo de David en el cual él alaba a Dios al final de sus pruebas. Él fue librado por el poder de Dios. Le parecía que el cielo y la tierra fueron conmovidos a su favor. Dios salió para librarle. Esto nos lleva a la consideración de la liberación de un hombre de su enemigo espiritual.*

## I. Satán es un enemigo muy poderoso.

A. Es enemigo de Dios y el hombre. El hombre incrédulo no sabe quién es él ni conoce su poder. Muchos creen que es un mito, se burlan, hablan de cascos y cuernos y cola. Muchos creen que no existe tal personaje. Otros se hacen la señal de la cruz como para tener protección.

B. El es tan poderoso que
1. pudo rebelarse contra Dios y engañar a una multitud de ángeles que cayeron junto con él.
2. causó la caída de Adán y toda la raza humana.
3. causó que grandes hombres de Dios pecaran, como David, Moisés y Pedro.
4. se atrevió a tentar a Jesús.
5. hoy día busca a quién devorar. 1 Pedro 5:8. Es llamado el destruidor, mentiroso, príncipe de las tinieblas, dios de este mundo.

C. Tiene un ejército que le ayuda, Efesios 6:12, espíritus que engañan, ciegan, que hacen que el hombre sea indiferente, descuidado, que rechace el mensaje de Dios. Nunca se cansan.

D. Reconozca a su gran enemigo y sus manifestaciones en su propia vida: el pecado, los hábitos malos, los vicios, las mentiras, la incredulidad. 2 Corintios 4:4.

E. Sus nombres, su lugar, Apocalipsis 12:9; su destino, Apocalipsis 20:10.

## II. Hay un Libertador todopoderoso, vv. 16-17.

A. Dios lo mandó «desde lo alto». No había ayuda en la tierra ni hombre, ni rey, ni ejército. Grandes guerreros han sido esclavos de ese gran engañador; grandes liberadores han sido sus cautivos.

B. Mandó del cielo no a un arcángel (hasta Gabriel fue impedido una vez por Satán, Daniel 11:13) ni a un ángel, ni a un santo, sino a Dios mismo, el Creador, que vino por la vía del pesebre, la cruz y la muerte. Peleó y venció. Cristo.

C. «Me tomó». ¿Cómo? Por la acción de su Palabra y su Espíritu sobre mi alma y me liberó del poder de Satán.

D. «Me sacó» de las muchas aguas del pecado y la condenación. Hay libertad del poder del pecado y Satán para el cuerpo, el alma y el espíritu. Por la fe.

## III. A donde me llevó, v. 19.

A. A un lugar de anchura, paz, perdón, comunión, satisfacción y triunfo sobre el pecado y Satán. Apocalipsis 20:11.

B. Con un propósito. 1 Pedro 2:9.

C. Y finalmente a un lugar espacioso en la gloria... para siempre.

## IV. El fin de los que no son libertados.

A. Condenados por toda la eternidad. Juan 3:36; Apocalipsis 20:11-12, 15.

*Conclusión: Dios ha venido a buscarle. Él desea sacarle de las aguas de la perdición. Su liberación consiste en volverse a Cristo, confesarle y seguirle. Huya de la destrucción mientras hay lugar.*

**E. F. Blattner**

# «No fui rebelde a la visión celestial»
**Hechos 26:19**

*Introducción: Pablo hace su defensa ante Festo, Agripa y Bernice. Habla de la maravillosa experiencia que transformó su vida y dice: «No fui rebelde [o desobediente] a la visión celestial».*

I.   **La visión y su resultado maravilloso.**

A.   Vio una luz; oyó una voz (v. 14). Las voces del otro mundo atemorizan.
B.   Vio a Jesús (1 Corintios 15:8) y le fue revelado el amor y la gloria del Jesús crucificado y resucitado. Su corazón lleno de odio fue transformado.
C.   Este orgulloso y ambicioso hombre fue salvado y perdonado. El curso de su vida fue cambiado. Hizo una entrega completa de su ser a Cristo y los propósitos eternos de Dios empezaron a cumplirse.
D.   Al terminar unos treinta años de servicio y sacrificio, partió para estar con el Señor con un canto triunfal. 2 Timoteo 4:6-7.

II.  **Otros han tenido visiones celestiales y han sido obedientes.**

A.   Moisés vio la ciudad celestial, Hebreos 11:26, y despreció las riquezas de Egipto. Lleve una vida de obediencia a Dios.
B.   Isaías vio al Señor en su santidad, poder y gloria, y se consagra a una vida de obediencia, sacrificio y servicio. Isaías 6:1-8.
C.   Jeremías tuvo visiones, sufrió cárceles y menosprecios, pero fue obediente y fiel.
D.   Ezequiel, Daniel, Juan Bautista, los mártires de antaño, los misioneros de ayer y hoy tuvieron visiones espirituales y hallaron en Dios el poder para ser obedientes.

### III. El lugar de visión y obediencia en nuestra vida hoy.

A. Cada creyente ha tenido una visión del amor de Cristo, de su sacrificio, de su segunda venida y la gloria que compartirá con Cristo. ¿Podemos decir: «No fui desobediente»?
B. La consagración completa es necesaria para que el propósito de Dios sea cumplido en nuestra vida.
C. Obediencia es la condición de bendición
   1. Abraham obedeció, Génesis 22:8.
   2. Israel, Éxodo 19:5; Deuteronomio 11:26-28.
   3. Jesús dijo: «Sois mis amigos, si hacéis lo que yo os mando». Juan 15:14.

*Conclusión: ¿Ha tenido usted una visión de Jesús, la vida eterna, la gloria y galardones? ¿Ha sido transformada su vida? ¿Es obediente? ¡Que sea renovada la visión!*

E. F. Blattner

## El bautismo del Espíritu Santo

### I. El nuevo nacimiento y el bautismo del Espíritu Santo no son la misma cosa.

A. Nadie puede salvarse sin la obra del Espíritu Santo. Juan 16:8. Él convence de pecado, pues el pecador está muerto en pecado. Sin el Espíritu no habría esperanza. Efesios 2:1.
B. El nuevo nacimiento o regeneración trae vida nueva por medio del Espíritu Santo que trae al alma la vida de Dios. Romanos 8:2. El hombre viene a ser el templo de Dios. El Espíritu testifica que somos hijos de Dios. Romanos 8:9, 16.
C. El bautismo del Espíritu es una segunda experiencia especial, un bautismo de poder para testificar. Hechos 1:5, 6.
   El nuevo nacimiento el Espíritu Santo es el agente; la

sangre, el medio; y la vida nueva, el resultado. En el bautismo del Espíritu, Cristo es el agente; el Espíritu Santo, el medio; el revestimiento de poder, el resultado.

## II. El día de Pentecostés.

A. Ciento veinte personas en el aposento alto. Habían visto al Señor. Se mantenían en expectación, orando, esperando.

B. Vino gran viento, fuego, lenguas, gloria, poder.

C. Fue la señal de su Señor en el cielo. Había venido sobre ellos. Sus alabanzas se entonaron en nuevas lenguas y hablaron las glorias de Dios. Hechos 2:11.

D. Pedro predica. Pregunta: «¿Qué quiere decir esto?» (2:12).

E. No es para ellos solamente (2:38,39).

F. Resultados, poder, tres mil salvados, sanidades, cárceles abiertas, muertos resucitados.

## III. Tres aspectos del bautismo del Espíritu para nosotros.

A. Podemos tener una experiencia semejante. Fue repetida en Samaria, Hechos 8:15-18; Cesárea, Hechos 10:44-46; Éfeso, Hechos 19:6; con Pablo, 1 Corintios 14:18; en la iglesia de Corinto. Nosotros debemos desearla y buscarla.

B. Una vida diaria llena del Espíritu, como la de Esteban y Bernabé. Hechos 11:24; Efesios 5:18-21; Gálatas 5:22.

C. Nuevos ungimientos, Hechos 4:31, en devociones privadas y en la congregación. 1 Corintios 14:2, 4, 14, 15, 16; Isaías 28:11, 12.

E. F. Blattner

# GETSEMANÍ
## Marcos 14:32-44

El lugar de la prensa — lugar de presión.

I. **Cristo en Getsemaní — en la sombra de la cruz.**

    A. La última noche en el aposento alto; el discurso, Juan 14 al 17; el retiro al huerto a la luz de la luna; la oración. No hay tristeza como la que se ve en este momento en el Getsemaní. Aquí él empieza a llevar o sentir el peso de nuestros pecados, casi muere.

        1. Por delante están el odio del pueblo, la traición de Judas; los suyos lo dejarán; Pedro lo negará.

        2. Contemplémosle, vv. 35-36. Temió la separación de su Padre, el ser hecho pecado por nosotros.

        3. Los discípulos, dormidos, sin entendimiento, no le ayudaron ni le consolaron. Más tarde huyeron por falta de espiritualidad y oración.

II. **«No se haga mi voluntad sino la tuya»**

    A. Getsemaní — lugar de exprimir, presión. Nada salió de él, sino humildad, amor, sumisión. No hubo murmuración, reproches, regaños. ¿Qué produce nuestro lugar de presión?

    B. Getsemaní — lugar de oración. Debemos profundizar en la oración para tener triunfo.

    C. Getsemaní — lugar de obediencia y sumisión, v. 36.

III. **«Para mí el vivir es Cristo»**

    A. Vayamos al Getsemaní para aprender a vivir una vida de entrega.

    B. El secreto — «Cristo vive en mí», Gálatas 2:20.

    C. Presentemos nuestros cuerpos. Romanos 12:1.

D.  El tiempo es corto. Vayamos con él al Getsemaní, lugar de presión (pruebas), oración y sumisión.

E. F. Blattner

# DIOS TRINO

*Introducción: Todo el mundo tiene cierto conocimiento de Dios. Él se ha revelado en su Palabra en manifestación triple como Padre, Hijo y Espíritu Santo.*

I.  **Dios — Creador — Padre.**

A.  Hacedor de cielo y tierra y todas las cosas, era también compañero y amigo. Génesis 2:15-18; se paseaba en el huerto 3:8.

B.  Dios ofendido es Juez. Génesis 6, destruye a los hombres y hace un nuevo principio con Noé.

C.  Dios hacedor de leyes, el Legislador; Sinaí. Es santo, justo, intocable. Éxodo 19:16-24.

D.  Mas se muestra como Dios de amor, manifestando su gracia y paciencia a un pueblo muchas veces rebelde, y perdonando sus pecados.

II. **Dios — Redentor — Jesucristo, el Hijo.**

A.  Estuvo en el principio con el Padre; fue hecho carne. Revela al Padre en su vida terrenal, en su amor, su compasión, su poder. Era compasivo, lloró, simpatizó. Mateo 23:27. Nos dio a conocer el amor del Padre por nosotros. Compárese Hebreos 12:18.

### III. Dios — El Consolador, el Ayudador — El Espíritu Santo

A. Estuvo en el principio del mundo. Génesis 1:2. Reposó sobre Cristo en forma de paloma. Mateo 3:16. Es tierno, puro, amante. Puede ser resistido, ofendido, ahuyentado.

B. Se manifestó en el Antiguo Testamento con Sansón, David y los profetas.

C. Ahora es «la promesa del Padre», dada a nosotros para consolar y ayudarnos; para enseñarnos de Cristo, traernos a la presencia de Dios, enseñarnos a orar e interceder y darnos poder para testificar.

D. Es el mensajero de Dios al pecador; convence, revela, atrae a Cristo.

E. Un día será quitado del mundo cuando la iglesia sea trasladada.

### IV. Dios — en plena revelación — al fin de los tiempos.

A. Ahora vemos en parte, conocemos en parte.

B. El Salvador — redención completa en su venida; resurrección y perpetuo gozo en su presencia.

C. El Rey — reinará por mil años — el mundo se someterá — habrá paz universal.

D. El Juez —en el juicio final— sus ojos como fuego, los libros serán abiertos y cada uno recibirá según fueren sus obras.

E. F. Blattner

## MENSAJE DE CRISTO A LA IGLESIA DE HOY
### Efesios 5:14-20

*Introducción: La iglesia es la cosa más preciosa que hay en la tierra hoy. Huestes celestiales están interesadas en ella; ángeles están enviados a servirla. Hebreos 1:14. El cielo se conmueve por las faltas de sus miembros y los que vuelven atrás.*

## I. La iglesia

A. Fue vista y planeada por Dios antes de la fundación del mundo.
B. Fue comprada por la sangre de Cristo.
C. Es un pueblo para su nombre, su esposa.
D. Es objeto de su amor y cuidado.
E. Por medio de ella, Cristo, su cabeza, obra en el mundo.

## II. La iglesia de hoy — en la hora del fin.

A. Muchas iglesias e individuos están descuidados, sin vida espiritual:
   1. algunos como los de Éfeso, han perdido su primer amor (Apocalipsis 2:4).
   2. algunos como los de Sardis, que tienen nombre y viven, pero están muertos (3:1, 2).
   3. algunos como los de Laodicea, que son tibios, miserables, rechazados (3:15, 16).
B. Y otros
   1. como los de Esmirna, están en cárceles y persecución sufriendo por su nombre (2:10).
   2. como los de Filadelfia, fieles hasta el fin, tendrán corona y serán guardados de la gran tribulación (3:8, 10).

## III. El mensaje de Cristo, Efesios 5:14-20

A. ¡Despierta! El sueño espiritual es fatal (v. 14).
B. Mirad cómo andéis, tanto la iglesia como también el individuo (vv. 15-17).
C. Sed llenos del Espíritu (vv. 18-19).
D. Dad gracias siempre (v. 20).
E. Santificados, sin mancha (vv. 26-27).

F. En unión perfecta con Cristo (v. 30).

**E. F. Blattner**

## LA SANGRE DE JESÚS

1. Hemos sido comprados por la sangre de Jesús. 1 Corintios 6:20; 7:23; 1 Pedro 1:17,18.
2. II. Hemos sido redimidos por la sangre de Jesús. Efesios 1:7.
3. Hemos sido justificados por la sangre.
4. Hemos sido limpiados por la sangre. 1 Juan 1:7; Apocalipsis 1:5; 7:14.
5. Tenemos paz por la sangre de Jesús. Colosenses 1:20.
6. Nuestra conciencia es limpiada por la sangre de Jesús. Hebreos 9:14.
7. Entramos en el santuario por la sangre de Jesús. Hebreos 10:19.
8. Vencemos a Satanás por la sangre de Jesús. Apocalipsis 12:11.
9. Cantaremos en el cielo del valor de la sangre. Apocalipsis 5:9.

## DIOS OMNIPRESENTE, OMNISCIENTE, OMNIPOTENTE
### Salmo 139

I. **Dios omnipresente, es decir, presente en todas partes.**

A. Ningún otro podría ayudarnos. Él no puede ser sujetado a un solo lugar.
B. Su presencia en todas partes significa ayuda y consuelo para el creyente. Vea a Daniel entre los leones; a los tres hebreos en el horno de fuego. Daniel 6:3.
C. Para el pecador significa que Dios ve todos sus hechos, Proverbios 15:3; le alcanzará su pecado, Números 32:23.

Lo que siembra cosechará, Gálatas 6:7. ¡Que recuerde que Dios siempre está presente!

## II. Dios omnisciente, es decir, que sabe todas las cosas.

A. Su sabiduría en cuanto al mundo. Isaías 40:12-14. No se puede hacer semejanza de él. Isaías 40:18-27.

B. Conoce los caminos y los pensamientos del hombre. Salmo 139.

C. Sabe sus tribulaciones, sus tentaciones, sus deseos para el bien y para el mal. 1 Crónicas 28:9.

D. Desde el principio conoce a los suyos. Juan 10:14.

E. El que sabe todas las cosas será juez del mundo.

## III. Dios omnipotente, es decir, tiene todo poder.

A. Vea las manifestaciones de su poder en la creación del mundo; al secar el mar Rojo; al darles a los israelitas pan del cielo; y revelado en Cristo al levantar a los muertos, echar demonios, multiplicar el pan y en su resurrección.

B. Su poder en los que creen. Colosenses 1:13; 1 Tesalonicenses 4:16-17.

## IV. Cómo la omnipresencia, omnisciencia y omnipotencia de Dios pueden ser nuestro gozo y bendición.

A. Si reconocemos que él nos conoce y nos juzga como pecadores, pero nos ofrece perdón.

B. Si lo aceptamos como nuestro único Dios y Salvador. 1 Timoteo 2:3-5.

C. Si andamos en sus caminos en obediencia.
   Entonces el omnipresente será nuestro Salvador, Protector y Ayudador siempre presente con nosotros. El omnisciente no verá más nuestros pecados, sino que sus ojos estarán sobre nosotros para bien. El omnipotente no será nuestro Juez, sino el que nos justificará y manifestará su poder al

guardarnos hasta el fin y presentarnos perfectos delante de su trono.

E. F. Blattner

## El llamamiento, la vida y el poder de Abraham
### Génesis 12—14

*Introducción: Después del diluvio se multiplicaron los hombres; pronto se olvidaron de Dios; pasó mucho tiempo sin una voz del cielo. Después Dios escogió a un hombre, con él hizo un pacto que afectaría toda su vida, su descendencia y llegaría hasta Cristo.*

I. **Abraham — llamado.**

   A. De los ídolos, a andar a solas con Dios. Génesis 12:1. Así está llamando Dios hoy. 2 Corintios 6:17-18.

   B. Por causa de su amor a su padre, su obediencia fue incompleta; años perdidos (11:31). Estuvo cerca de su padre, pero alejado de Dios. Bendición retardada.

   C. Aflicción necesaria — murió su padre (11:32).

   D. La obediencia a medias impide la bendición, trae castigo. Hebreos 12:5-6; Salmos 32:8-9. ¿Demora usted en obedecer por completo a Dios? ¿Retiene algo en su vida que debe ser entregado a él?

II. **Abraham — separado, obediente.**

   A. Nueva revelación, sigue su viaje, pero lleva a Lot, hombre carnal y no espiritual. Génesis 12:1-7.

   B. Vea el contraste entre Abraham y Lot. Lot escogió las posesiones terrenales. Abraham dejó su suerte en manos de Dios, escogiendo la voluntad de Dios. Génesis 13:9-10.

Estas decisiones tuvieron repercusiones en toda su vida y afectaron su descendencia y su suerte eterna. Génesis 13:14-17; 19 Hebreos 11:8-16.

C. ¡Qué grandes cosas dependen de nuestras decisiones!

### III. Abraham — consagrado y obediente tiene poder para ayudar y librar.

A. Se levanta una guerra; Lot y su familia son hechos cautivos (14:1-13); no tenía protección de Dios porque no le servía. Abraham, consagrado, tiene poder y le libra (vv. 14-16).

B. Rechaza los regalos del rey (vv. 21-23); honra a Dios y recibe de él galardón (15:1).

C. Intercede ante Dios (18:20-33).

### IV. La consagración y la obediencia traen poder y bendición.

A. Dios se hace responsable por tales personas — guarda su vida, su salud, su familia, sus intereses.

B. En las pruebas hay fe y Dios está cerca.

C. Cuando cae el juicio, hay seguridad.

D. Hay promesa de galardón eterno. Hebreos 11:10; 11:26.

*Conclusión: Oye el llamamiento de Dios, conságrate a él y anda en obediencia. Tendrás bendición, protección, el poder de Dios en tu vida y un galardón eterno.*

E. F. Blattner

## ACERCAOS A DIOS
### Santiago 4:8

### I. El privilegio de acercarse a Dios.

A. A veces es muy difícil acercarse a las personas importantes.
B. El hombre puede escuchar a una persona por vez. Dios puede atender a todos al mismo tiempo.
C. Por experiencia sabemos que podemos acercarnos a Dios.

## II. Quiénes pueden acercarse a Dios.

A. Los pecadores. Romanos 5:8; Juan 6:37; Isaías 1:18; Lucas 19:10; Hebreos 7:25.
B. Los santos. Génesis 5:22-24; Hebreos 10:22.
C. Los enfermos. Mateo 9:20; Marcos 2:3; 10:46.
D. Los trabajados y cargados. Mateo 11:28.

## III. La manera de acercarse a Dios.

A. Los pecadores: por medio del arrepentimiento y la confesión de sus pecados y aceptando a Jesús como Salvador.
B. Los santos: por medio de la fe, la oración, la lectura y la meditación de las Escrituras, y la comunión con los otros creyentes. Lucas 24:13-15.

## IV. Cosas que impiden acercarse a Dios.

A. La oración hipócrita. Mateo 6:5-7.
B. La incredulidad. Santiago 1:6.
C. Satanás.

## V. Los resultados de acercarse a Dios.

A. Paz. 1 Pedro 5:7; Filipenses 4:6-7.
B. Una vida radiante. Éxodo 34:29; Hechos 4:13.
C. Felicidad, satisfacción personal.
D. Una vida útil en las manos de Dios.

**L. F. Curtis en** *Pulpit*

# OLVIDANDO LO QUE NO SE DEBE OLVIDAR
## Hebreos 2:1

*Introducción: El hombre está inclinado a vivir satisfecho consigo mismo y a pensar que todas las cosas al final obrarán a su favor. Constantemente se olvida de Dios y no le da lugar en sus planes. Hay muchas cosas que olvidamos, y como resultado nos encaramos con la eternidad sin Dios.*

I.   **Olvidamos que hemos de morir.**

   A.   «Todos mueren». Salmo 49:10; 1 Corintios 15:22; Hebreos 9:27.

II.  **Olvidamos que hemos de dar cuenta de nuestra vida.**

   A.   Vivimos como si nadie conociera nuestra vida.
   B.   El ojo de Dios está sobre nosotros; delante de él estamos desnudos. Hebreos 4:13; Lucas 12:17-21.
   C.   Jesús nos advierte que daremos cuenta de nuestras palabras. Mateo 12:36.
   D.   Pablo advierte que daremos cuenta de nosotros mismos. Romanos 14:12.
   E.   Juan señala que hay libros que llevan la cuenta y serán abiertos para juzgarnos. Apocalipsis 20:12.

III. **Olvidamos que el tiempo es corto.**

   A.   Los días del hombre son pocos. Salmo 39; Salmo 90; Santiago 4:14.
   B.   No sabemos la hora. Debemos prepararnos ahora mismo. Prepárate a encontrarte con Dios.

W. S. Barham

# LA PALABRA DE LA CRUZ
### 1 Corintios 1:18; Gálatas 6:14

*El mundo que conocemos empezó en tinieblas, Génesis 1:2. El Espíritu de Dios se movió sobre las tinieblas. Vino la palabra de Dios: «Sea la luz», y fue la luz. Así empezó la creación antigua. El Espíritu y la Palabra obraron juntos. La creación nueva empezó de la misma manera. Cristo en forma del primer Adán, envuelto en tinieblas, fue hecho maldición, Gálatas 3:3, fue hecho pecado por nosotros. 2 Corintios 5:21. En ese momento, la Palabra, la Palabra ungida del omnipotente tronó. Esa palabra —consumado es, o terminado es— significa la completa destrucción de las huestes de tinieblas, su terminación. Esta es la palabra que predicamos. Por medio de ella:*

1. El pecado fue terminado porque el Cordero de Dios ha quitado el pecado del mundo. Hebreos 9:26.
2. La ira de Dios fue terminada. Romanos 5:9.
3. La condenación fue terminada. Romanos 8:1.
4. La maldición fue terminada. Gálatas 3:13, 14.
5. El viejo hombre fue terminado. Romanos 6:6; Gálatas 2:20.
6. El «mundo» fue terminado. Gálatas 6:14.
7. La carne fue terminada. Colosenses 2:11; Gálatas 5:24.
8. El poder de la ley fue terminado. Romanos 7:4.
9. La pared de separación fue terminada o destruida. Efesios 2:14, 15.
10. La muerte fue terminada o abolida. 2 Timoteo 1:10; Oseas 13:14; 1 Corintios 15:54.
11. El poder del diablo fue terminado. Hebreos 2:14.
12. El poder de las fuerzas del mal fue terminado. Colosenses 2:15.

*Sin embargo, al predicar la palabra de la cruz tenemos también un mensaje positivo. Consumado o terminado significa también efectuado, llevado a cabo. Esta palabra proclama que una redención perfecta se ha provisto. No solamente se ha terminado el pecado, sino que la justicia se ha revelado, Romanos 1:16, 17. Esta palabra de la cruz no solo anuncia el fin de nuestra relación con el mundo, el pecado, la enfermedad y la muerte, sino que es una proclamación que nos da libertad, derechos y privilegios como ciudadanos del reino de Dios.*

**R. W. Cummings en** *Pulpit*

## OPORTUNIDAD PERDIDA
### Cantar de los cantares 5:2-6

*Introducción: Hermoso pasaje que puede aplicarse a Cristo. Cristo busca al pecador. Lucas 19:10.*

1. El Esposo viene en busca de la esposa. Juan 4:5-43; 5:2-9.
2. La llama con grande amor (palabras dulces). Mateo 11:28.
3. Viene con gran sacrificio. «Su sudor como grandes gotas de sangre». Lucas 22:44.
4. Ella pone dificultades (pereza, comodidades, etc.). «Te ruego que me dispenses». Lucas 14:16-20.
5. El Esposo se despide con amor. («Metió la mano»). «Los amó hasta el fin». Juan 13:1.
6. Ella al fin se decide a abrir. (Vence las dificultades). Lucas 9:23.
7. ¡La oportunidad había pasado! 2 Corintios 6:2; Apocalipsis 3:20.

**MX—El Pastor**

## CRISTO VIENE

I. **Para los que son de Cristo, en su venida. 1 Corintios 15:23; 2 Timoteo 2:19.**

II. **Para los que le esperan. Hebreos 9:28. Hay tres cosas que esperan a cada uno sin faltar.**

    A. La muerte. Hebreos 9:27.

    B. El juicio. Hebreos 9:27; Romanos 14:10-12.

    C. La venida de Cristo. Hebreos 9:28; Apocalipsis 22:12.

        1. Para el que vela. Apocalipsis 16:5; Lucas 21:34-36.

        2. Para el que guarda sus vestidos. Apocalipsis 16:15; Colosenses 3:8-14; Efesios 5:25.

        3. Para los que son llamados. Apocalipsis 17:14; Mateo 20:16; 22:14; Romanos 8:28; 1 Pedro 2:9.

        4. Para los que son elegidos. Apocalipsis 17:14.

        5. Para los que son fieles. Apocalipsis 17:14; 2:10; 1 Corintios 4:2.

**C. M. Ward**

## UN REFUGIO SEGURO
### «El eterno Dios es tu refugio»
### Deuteronomio 33:27

*Vivimos en tiempos de peligro, temor y falta de seguridad, cumpliéndose Lucas 21:26. Se preparan refugios contra bombas mortíferas; se gastan enormes sumas para asegurar la vida en caso de guerra. La paz se ha ido de la tierra. El versículo citado se refiere a verdades eternas. Hay guerra y muerte espiritual que amenazan destruir el alma.*

I. **Urge un refugio seguro para el alma.**

    A. Porque somos pecadores ya condenados. Romanos 3:23; Juan 3:18.

    B. Porque el día del juicio se acerca. Hebreos 9:27.

    C. Porque no podemos salvarnos por nuestras obras y esfuerzos.

    D. Porque el alma es de infinito valor.

## II. Dios es el eterno refugio.

A. En tiempo de guerra algunos confían en refugios débiles e ineficaces; otros desprecian todo refugio y perecen.

B. Así es en lo espiritual. Hay quienes confían en lo que no pueden salvar: sus obras, su carácter, su dinero, sus santos e ídolos. Hay otros que son indiferentes.

C. El único refugio es el eterno Dios. 2 Samuel 22:2-3; 1 Tesalonicenses 1:9-10; Juan 3:16; Hebreos 7:25.

D. El que no se refugia se perderá.

## III. ¿Cómo podemos entrar en este refugio y escapar a la ira venidera?

A. Reconociendo nuestra condición perdida. Romanos 3:23; Efesios 2:1-3.

B. Confesándole a Cristo nuestros pecados y aceptando por fe su obra redentora.

C. Descansando bajo el abrigo de su sangre que limpia. 1 Juan 1:7-9; Juan 3:36. Ejemplo, los israelitas. Éxodo 12:13, 23.

*Conclusión: El día de la ira de Dios se acerca. ¿Cómo escaparemos si tuviéramos en poco una salvación tan grande? Hebreos 2:3. Si no estamos en el refugio (Cristo), el juicio nos alcanzará. Arrepiéntase ahora, deje sus pecados e ídolos y acepte a Cristo como su único Salvador... así tendrás un refugio seguro.*

E. F. Blattner

# LA IGLESIA ESCOGIDA, REDIMIDA Y PRESENTADA A CRISTO
### Efesios

La epístola a los efesios trata de la iglesia. Fue escrita para animarla y fortalecerla cuando el enemigo trataba de dividirla y aniquilarla. Ha sido preservada para animar y fortalecer a la iglesia de hoy.

I. Escogidos para ser santos, sin mancha, en amor (1:4).
II. Recordándonos lo que éramos (2:2, 3, 12).
III. Revelándose lo que somos: redimidos (2:13); unidos (v. 15); una familia (v. 19); un templo (v. 21); una morada (v. 22).
IV. Llamándonos a andar avisadamente.
   A. La importancia de la humildad y la mansedumbre (4:1-3).
   B. Redimiendo el tiempo, llenos del Espíritu (5:14-20).
V. Revelándonos su propósito.
   A. Presentarnos sin mancha (5:27).

E. F. Blattner

# EL LABRADOR, LA VID Y LOS PÁMPANOS
### Juan 15:1-8

I. El labrador — Dios, el Padre.

   A. Elige la viña. Isaías 5:1; Jeremías 2:21; Juan 3:16.
   B. Prepara la tierra. Ezequiel 36:32-36; Mateo 3:2-3.
   C. Planta el gajo. Salmo 80:8; Filipenses 2:5-8.
   D. Cultiva el huerto. Isaías 5:4; Romanos 2:4; Juan 15:2; Salmo 80:14-15.
   E. Protege la heredad. Isaías 27:2-3; 1 Pedro 1:5.

II. **La vid — Cristo, el Hijo.**

    A. Es honrada en el arte y la poesía. Filipenses 2:9-11.
    B. Planta útil. Su fruta alimenticia; su sombra es protectora. Efesios 1:6-8.
    C. Planta frondosa, tiene muchos pámpanos. Romanos 12:4-5.
    D. Planta popular. La vemos al alcance de pobres y ricos. Gálatas 3:26-28.

III. **Los pámpanos — los que viven en él.**

    A. No pueden vivir apartados del tronco. Juan 15:5-6.
    B. Ellos no producen la savia vital. Hechos 1:8.
    C. Son la parte de la vid que necesita ser podada. 1 Corintios 6:20; Juan 15:2.
    D. No producen sus frutos para sí. 1 Corintios 9:7.

# ECOS DESDE EL CALVARIO

*Introducción: Mientras pendía en la cruenta cruz del Calvario, Jesús pronunció algunas palabras, cuyo eco ha llegado hasta nosotros hoy día.*

*Las palabras que en aquella ocasión pronunciara Jesús podemos calificarlas de:*

1. Intercesión. Lucas 23:33-34. (Perdónalos).
2. Afecto, preocupación. Juan 19:26-27. (He ahí tu hijo).
3. Desamparo. Mateo 27:46. (Dios mío...).
4. Humanidad. Juan 19:28. (Tengo sed).
5. Victoria. Juan 19:30. (Consumado es).
6. Agonía. Lucas 23:46. (En tus manos encomiendo...).

## LAS ORACIONES DE JESÚS

1. Oró al ser bautizado por Juan en el Jordán. Lucas 3:21-22.
2. Oró antes de elegir a sus doce apóstoles. Lucas 6:12-13.
3. Oró antes de que los judíos vinieran para arrebatarle a fin de hacerle Rey. Juan 6:15; Mateo 14:22-23; Marcos 6:46.
4. Oró en ocasión de su transfiguración. Lucas 9:29.
5. Oró por sus discípulos y por todos los que habían de creer en él. Juan 17:1-26.
6. Oró en Getsemaní, poco antes de ser arrestado. Mateo 26:36-44; Lucas 22:39-45.
7. Oró por sus enemigos mientras pendía de la cruz. Lucas 23:33-34.

## ¿QUÉ HARÁ CON CRISTO?
### Mateo 27:22

*Introducción: Esta es la pregunta más importante que el hombre puede considerar. La decisión que corresponde en cuanto a esta pregunta resultará en algo de valor inconmensurable ahora y para la eternidad.*

**I. Cosas que dependen de lo que hacemos con Cristo.**

A. Ser aceptado o rechazado por Dios no depende de nuestro carácter, acciones o religión. Depende de lo que hagamos con Cristo. Dios recibe aun al más vil pecador que acepta a Cristo. Dios rechaza a todo aquel que rechaza a Cristo; no tiene en cuenta su rectitud y su buena moral. Al aceptar a Cristo el hombre es justificado. Hechos 13:39; 10:43.

B. Llegar a ser hijos de Dios depende de lo que hagamos con Cristo. Juan 1:12.

C. Tener paz y gozo depende de lo que hagamos con Cristo. Romanos 5:1; 1 Pedro 1:8. No depende de las circunstancias y no se logra por las buenas obras o los actos de penitencia.

D. Tener vida eterna depende de nuestra aceptación de Cristo. Juan 3:36.

## II. Lo que debemos hacer con Cristo.

A. Tenemos que hacer algo. Pilato trató en vano de eludir esta responsabilidad lavándose las manos. No podemos pasar por alto a Cristo.
B. Debemos aceptarlo o rechazarlo.
   1. El no aceptarlo es en sí un rechazo.
   2. Cristo estará dentro de nuestro corazón o fuera de él. Apocalipsis 3:20.
A. Debemos confesarlo. Mateo 10:32-33.
B. Debemos ponernos de su parte. Mateo 12:30.

*Conclusión: Debemos tener presente que él es nuestro Salvador, Intercesor, Abogado y Rey venidero. Si lo rechazamos nos privaremos de sus beneficios: la salvación del alma, su ayuda diaria, su protección contra las huestes satánicas y un lugar en su reino eterno.*

**Tomado de** *Poder*

## LA SIMIENTE ES LA PALABRA
### Lucas 8:4-15

*Introducción: La Palabra de Dios es la simiente viva que, una vez plantada, produce mucho fruto. Es la simiente de:*

1. Convicción. Juan 15:22.
2. Fe, Romanos 10:17.
3. Oraciones contestadas. Juan 15:7.
4. Poder. Hebreos 4:12.
5. Vida santificada. Juan 17:17.
6. Vida eterna. Juan 5:39.

*Conclusión: Nunca alcanzaremos a reconocer las posibilidades de la Palabra de Dios si las confinamos al interior de las tapas de la Biblia. La semilla debe ser plantada en el corazón si es que deseamos que produzca frutos.*

**E. J. Hoover en Pulpit**

## LA PALABRA DE DIOS

I.   Es como agua, limpia. Juan 15:3; Efesios 5:26.
II.  Es lámpara a nuestros pies y lumbrera a nuestro camino. Salmo 119:105.
III. Es alimento para el alma. Deuteronomio 8:3; Jeremías 15:16.
   A.   Es leche espiritual. 1 Pedro 2:2.
   B.   Es dulce como la miel. Salmo 119:103; 19:10.
      1.   Es como fuego. Jeremías 23:29a.
      2.   Es como martillo. Jeremías 23:29b.
      3.   Es más cortante que espada de dos filos. Hebreos 4:12; Efesios 6:17.
      4.   Permanece para siempre. 1 Pedro 1:25; Salmo 119:89; Mateo 24:35.

**S. L. Ball**

## POR QUÉ DARLE GRACIAS A DIOS
### Salmo 100:4

I.   Es el camino para allegarnos a Dios (Salmos 95:2; 100:4).
II.  Es la voluntad de Dios (1 Tesalonicenses 5:18).

   A.   En todo tiempo. Hechos 2:46-47.
   B.   Por todo. Efesios 5:20.

    C.  Si no lo hacemos lo harán las piedras. Lucas 19:40.

## III. Proporciona gozo a Dios.

    A.  David, que de continuo agradecía a Dios (Salmos 8, 9, 18), era un hombre conforme al corazón de Dios.
    B.  Señor se extraña cuando no lo hacemos. Lucas 17:12-18.

## IV. Nos proporciona bendición. 2 Crónicas 5:11-13.

**R. Hembree en** *Pulpit*

## UNA MADRE DE FE
### Éxodo 2:1-10; 6:20; Hebreos 11:23

*Introducción: Jocabed (Éxodo 6:20) le proporcionó a la causa de Dios una gran dirigente en una época en que el pueblo escogido pasaba por un tiempo angustioso. Jocabed fue:*

1.  Una madre valerosa. Éxodo 2:2; Hebreos 11:23. Oculta a Moisés aun a costa de su propia vida.
2.  Una madre ingeniosa. Éxodo 2:3. Se valió de un medio especial para salvar a su hijo.
3.  Una madre prevenida. Éxodo 2:4. Colocó a Miriam, la hermana de Moisés, en un lugar donde podría ayudar al pequeño.
4.  Una madre esmerada. Éxodo 2:10; Hebreos 11:24-26. Jocabed se esmeró tanto en las enseñanzas que le impartió a su hijo, que Moisés nunca se apartó de su fe en el Dios verdadero, aun cuando fue instruido en la sabiduría de los egipcios. Hechos 7:22.

*Conclusión: A causa de su fe Jocabed figura entre los grandes héroes de la fe que se mencionan en Hebreos, capítulo 11.*

**Hardy Steinberg en** *Pulpit*

## ACORDAOS DE LA MUJER DE LOT
### Génesis 18:16-33; 19:23-28

I. **Acordaos de sus privilegios.**

A. Había sido instruida en el conocimiento de Dios y cómo debía adorársele.
B. Estaba casada con un hijo de Dios y sabía cómo él se afligía por la maldad de los impíos. 2 Pedro 2:7-8.
C. Se le advirtió del peligro que corría. Ángeles la instaron a escapar para salvar la vida.

II. **Acordaos de sus pecados.**

A. Fue una mujer presuntuosa. Su corazón estaba en Sodoma. Desoyó las advertencias y miró en dirección a lo que dejaba.
B. Fue una mujer incrédula. No creyó las palabras del ángel. Es posible que al no ver ninguna señal en el cielo desoyera las advertencias que se le dieran.
C. Pecó de hecho. La incredulidad conduce a la rebelión. Salmo 19:13.

III. **Acordaos de su fin.**

A. Se lo merecía. Se le habían formulado advertencias y se le había instado a que huyera, pero en forma deliberada desobedeció.
B. Fue repentino. Miró atrás y en un momento el juicio de Dios cayó sobre ella, quedando convertida en una estatua de sal.

**Tomado de** *Poder*

## LO QUE NECESITAMOS A DIARIO
### Mateo 6:25-34

*Introducción: Es un error muy frecuente en la vida de los creyentes pensar que una vez que nos hemos entregado al Señor, él se encargará de suplir todas nuestras necesidades de inmediato.*

*El texto que juntos consideraremos, la palabra «vida» nos da la idea de una sucesión de momentos, y lo que tenemos que aprender es que en todo momento de nuestra vida debemos depender de Dios. A diario tenemos que hacerle frente a ciertas necesidades de carácter material y el Señor quiere que para todo dependamos de él.*

1. El pan cotidiano. ¿Dependemos de Dios para conseguirlo? Mateo 6:11; 4:4.
2. La cruz de todos los días. ¿La llevamos? Lucas 9:23.
3. El morir a diario. ¿Lo deseamos? 1 Corintios 15:31.
4. La meditación diaria. ¿Hallamos placer en ella? Salmo 1:2; Hechos 17:11.
5. La exhortación diaria. ¿Cumplimos con este mandamiento? Hebreos 3:13.
6. La oración diaria. ¿Es nuestra ocupación favorita? Hechos 2:42-46.
7. El diario velar. ¿Lo practicamos? Proverbios 8:34.

*Conclusión: Si es que hasta ahora hemos fracasado en cumplir con algunas de esas cosas, podemos comenzar hoy mismo. Al hacerlo veremos cómo creceremos y nos desarrollaremos espiritualmente.*

## SÍGUEME
### Lucas 5:27

*Introducción: Hallamos en este mundo a hombres que guían a otros hombres y a los que los siguen en el hogar, el mundo de los negocios, la religión. Sin embargo, existen dos guías invisibles más grandes que todos los dirigentes de este mundo que claman: «Sígueme».*

I.  **¿Quiénes son estos que buscan y consiguen seguidores?**

A.  Satanás y Cristo. Los dos tienen gran poder. El uno, poderoso, a veces atractivo, es enemigo de Dios. Ha sido condenado al fuego eterno y busca llevar a sus seguidores a su mismo destino, e implantar en ellos su mismo espíritu de rebeldía y odio contra Dios.
Otro, poderoso, exaltado, santo, glorioso, con credenciales divinas, busca llevar a sus seguidores a su presencia en la gloria, salvándolos, cuidándolos y bendiciéndolos en todo el camino.

B.  Satanás apela a los deseos carnales del hombre, lo entretiene con los halagos de este mundo; hace que sea indiferente a la necesidad de su alma; que no tenga tiempo para Dios; cauteriza su conciencia y al fin habitará en el tormento, separado eternamente de Dios.

C.  Cristo apela al espíritu del hombre, le revela a Dios y las cosas eternas; le ofrece su amor, su protección, su perdón, y la vida eterna con Dios.

II.  **Consideremos la invitación de Cristo: «Sígueme».**

A.  Es la única invitación que debemos considerar.
B.  Es una invitación al perdón, la paz y la salvación.
C.  Es una invitación a la consagración.
D.  Es una invitación a una vida llena del Espíritu y de poder. Hechos 2:46, 47; 4:24, 29-31; 1 Corintios 12:7-10.
E.  Es una invitación a una vida de servicio.
F.  Es una invitación a la gloria, galardones, coronas; a ser aprobado delante de los ángeles.

III. **Ejemplos e instrucciones para nuestra enseñanza.**

    A.   Caleb y Josué siguieron fielmente. Josué 14:8-14; Números 32:12.

    B.   Los apóstoles y su galardón. Mateo 19:28.

    C.   Pablo y su corona. 2 Timoteo 4:7-8.

    D.   Algunos siguen a lo lejos y caen en tentación. Mateo 26:58.

*Conclusión: Oye el llamamiento de Jesús: «Ven, sígueme», y tendrás vida eterna y galardones en su venida.*

E. F. Blattner

# COSAS ETERNAS E INMOVIBLES
### Hebreos 1:11, 12; 12:27

1. El trono de Dios. Hebreos 1:8; 12:28; Daniel 2:44. Muchos tronos terrenales han caído y desaparecido. El trono de Dios no se moverá, durará para siempre.

2. La Palabra de Dios. Salmo 119:89. Muchos tratan de cambiarla, pero permanece siempre la misma. Los credos y doctrinas de los hombres cambian, la Palabra de Dios es eterna. Salmo 119:152, 160; Mateo 24:35; 1 Pedro 1:25. Edifiquemos nuestra fe en la Palabra de Dios.

3. La Iglesia de Dios. Mateo 16:18; 2 Timoteo 2:19. Hay veces cuando el creyente en la iglesia se siente movido y tiembla, pero la iglesia está inmovible, edificada sobre la Roca.

4. El hijo de Dios. 1 Juan 2:11; Romanos 8:1; Salmo 125:1. Puede pasar por pruebas, Lucas 22:31, 32; pero saldrá fortalecido, Santiago 1:2-4, 12; 1 Corintios 10:13.

David A. Blattner

# La gran reconciliación
### Romanos 5:10

*Introducción: Al hablar de una reconciliación pensamos también en una enemistad. A veces los hombres se enemistan y luego se reconcilian, mas la reconciliación del hombre con Dios es tan sublime que no podemos menos que llamarla «la gran reconciliación».*

I.  **La causa de la enemistad.**

   A.  Incredulidad y desobediencia a Dios. Génesis 2:17; 3:1-7.
   B.  El pecado comenzando desde Adán. Romanos 3:23.

II.  **Consecuencias de la enemistad.**

   A.  Separación de Dios y de sus bendiciones. Génesis 3:9-19.
   B.  Muerte física y eterna. Romanos 3:23.
   C.  Legado de estas consecuencias a la humanidad.

III. **La base de la reconciliación.**

   A.  El hombre necesita reconciliarse con Dios, pero es impotente para hacerlo. Jeremías 17:5, 7; Salmo 143:2.
   B.  El sacrificio de Cristo es la base. Efesios 2:16; 2 Corintios 5:18.
   C.  El mediador de la reconciliación es Cristo. Hebreos 9:15.

IV. **Los resultados de la gran reconciliación.**

   A.  Antes enemigos, ahora amigos, aun hijos. Romanos 5:10; Colosenses 1:20-22.
   B.  Libertad del pecado. Romanos 6:22.
   C.  Bendiciones y promesas recuperadas.
   D.  Salvación eterna. Romanos 6:23.

*Conclusión: Su felicidad temporal y eterna depende de la aceptación de esta gran reconciliación.*

**E. Argüello en** *Poder*

# EL VIAJE DE LA VIDA

Texto: Salmo 16:11: «[Tú] me mostrarás la senda de la vida».

I.  **El viajero: yo, nosotros.**

   A.  Ya estamos en viaje a la eternidad.
   B.  No tenemos experiencia.
   C.  Es importante no perder el camino.
   D.  Hay muchos peligros.
   E.  Necesitamos un guía experto.

II.  **El camino: «La senda de la vida».**

   A.  Hay muchos caminos. Proverbios 16:25.
   B.  El camino de la vida es angosto. Mateo 7:14.
   C.  Son pocos los que andan en él.

III. **El guía: «Tú»... Jesucristo.**

   A.  Reúne las cualidades necesarias.
       1.  Es bueno.
       2.  Es amoroso.
       3.  Es capaz.
       4.  Es paciente.
   B.  Conoce el camino.
       1.  Tiene experiencia. Hebreos 2:18.
       2.  Ha viajado por este camino. Hebreos 4:15-16.
   C.  Tiene interés en guiarnos. Juan 10:27-28; 8:12; 14:6; Salmos 23:2; 73:24.

IV. **El fin del viaje: «Vida».**

    A. La vida. (Haga el contraste con la muerte). Romanos 6:23; Mateo 7:13-14.

    B. Gloriosa esperanza. Salmo 16:11.

    C. Maravillosa consumación. Salmo 23:6.

## CONSEJOS SABIOS PARA EL NUEVO AÑO
### Proverbios 4:23-27

*Introducción: Los consejos llenos de sabiduría que Salomón diera a su hijo no han perdido su valor con el correr de los años. Hoy, que estamos listos para atravesar el umbral de un nuevo año con sus problemas, pruebas, desafíos y experiencias variadas, cada uno de nosotros debería atesorar estas palabras de Salomón tan llenas de profunda sabiduría.*

I. **Guarda tu corazón.**

Corazón es la sede de las emociones. Debemos poner nuestra mirada en las cosas de arriba, Colosenses 3:2, puesto que nuestro corazón estará donde se encuentra nuestro tesoro, Mateo 6:21.

II. **Guarda tu lengua.**

Lo que decimos puede crear muchas dificultades y problemas, Santiago 3:5-10, o bien puede ser de bendición, Proverbios 15:23; 25:11; Salmo 34:13.

III. **Guarda tus ojos.**

Es fácil desviar la mirada y alejarnos de la meta, Gálatas 5:7-8; 2 Timoteo 4:10. También es fácil mirar a donde no debemos y perder de vista a Jesús, Mateo 14:28-31. El secreto del éxito reside en poner la mirada en Jesús, Hebreos 12:2.

## IV. Guarda tus pies.

No debemos actuar de forma impulsiva. Es necesario que meditemos y oremos. Salmo 37:23. Tampoco debemos vacilar, Santiago 1:6. El Señor ha prometido guardar los pies de los santos, 1 Samuel 2:9.

*Conclusión: Al entrar en el nuevo año debemos hacerlo tomados de la mano de Dios. Si así lo hacemos probaremos que «la senda de los justos es como la luz de la aurora, que va en aumento hasta que el día es perfecto». Proverbios 4:18.*

**Bethel Smith en** *Pulpit*

## LO QUE REVELA LA NAVIDAD
### Mateo 2:1-23

*Introducción: Los personajes centrales de aquella primera Navidad representan a cuatro clases de personas que se encuentran en el mundo hoy día.*

## I. Los que buscaban la verdad: los magos.

A. Una hermosa historia que nos habla de su búsqueda de Dios.
  1. Los magos no pertenecían al pueblo escogido.
  2. Muchos obstáculos se interponían en su camino: distancia, tiempo, etc.
B. Su actitud nos dice que aquellos que buscan al Señor de todo corazón, lo hallarán.
  1. Para ello, si fuera menester, Dios hará uso de lo sobrenatural (la estrella de Belén).

2. Él guiará a los que buscan la Verdad.

## II. Los que obedecían la letra sin buscar la verdad: los escribas y fariseos.

A. Conocían las Escrituras.
1. Eran muy privilegiados, pero a la vez muy orgullosos.
2. Estaban cerca de Belén y sin embargo muy lejos de captar la Verdad.
B. No reconocieron el día de su visitación.

## III. Los que se alarmaron frente a la Verdad: Herodes.

A. No reciben la Verdad.
1. La autoridad de Herodes no había sido disputada.
2. Se alarmó al enterarse del nacimiento de un Rey que sería su rival.
B. Un día todos deberán reconocer la majestad de Cristo.

## IV. Los que fueron custodios de la Verdad: José y María.

A. Aceptan la Verdad.
1. José y María tenían conocimiento directo de que el Cristo de Dios había venido.
2. Otros, en Belén, estaban demasiado atareados para ocuparse de su nacimiento.
B. Saben aceptar la Verdad.
1. Para José y María, el nacimiento de Cristo fue una experiencia personal.
2. Arriesgaron sus vidas para salvarlo al huir a Egipto.

*Conclusión: Hoy día, una vez más la Navidad nos revela la actitud de los hombres. Los creyentes celebrarán la Navidad honrando a Cristo.*

**A. Faulk en** *Pulpit*

# La estrella prodigiosa
### Mateo 2:2

*Introducción: Estos magos de oriente vivían sumidos en las tinieblas de la superstición y la idolatría. Eran personas inteligentes, versadas en la astronomía, una de las ciencias de su día. Una noche estos magos contemplaron esta estrella prodigiosa.*

## I. La estrella hizo que despertaran.

A. Comprendieron que algo divino, algo que iba más allá de su comprensión, había ocurrido. De inmediato comenzaron la búsqueda, su búsqueda de un Rey. 2 Pedro 1:19.
   *(El lucero de la mañana es un símbolo de cómo el Espíritu ilumina a aquel que ha aceptado a Cristo).*

B. El Espíritu Santo es nuestra estrella. Hace que el hombre despierte a la realidad de su necesidad, hasta que es impulsado a buscar al Rey. El alma inquieta del hombre busca a Cristo. Juan 16:8-11.

## II. La estrella los guió.

A. Los magos buscaron a ciegas, en lugares extraños. El mensaje de la estrella reavivó la fe de sus corazones. Lo buscaron para adorarle. Cuando volvieron a ver la estrella siguieron con gozo la dirección que les indicaba.

B. Tal como la estrella guió a los magos, así el Espíritu Santo guía al alma hambrienta al conocimiento de la Verdad. Juan 16:13.

## III. La estrella les proporcionó gozo.

A. En tanto que la estrella los guiaba y ellos la seguían, fueron confirmados en su camino y un gran gozo inundó sus corazones. Mateo 2:10.

B. En tanto que caminamos a la luz que el Espíritu Santo

derrama en nuestro camino, un gozo indescriptible inundará nuestras almas. Juan 15:11; 16:22,24.

**IV. La estrella les reveló a Jesús.**

   A.  En forma repentina, Cristo se les reveló. Habían encontrado a Jesús. Mateo 2:9-11.

   B.  La obra del Espíritu Santo es guiarnos a Jesús. Nos revela a Cristo. Juan 15:26; 16:14.

*Conclusión: Cuando los magos vieron a. Cristo, lo adoraron y le ofrecieron presentes. Esto es lo que tiene lugar en el corazón y la vida del que recibe una vislumbre de Jesús en toda su hermosura. Nuestros corazones responden a su gran amor. Lo adoramos, le damos lo mejor de nosotros, nos entregamos por entero a él.*
**Ethel Smith** en *Pulpit*

# Libros
### Daniel 7:9-10

**I.  Hay un libro de la vida.**

   A.  Moisés reconoció la existencia de tal libro. Éxodo 32:31-32.

   B.  Jesús se refirió a ese libro. Lucas 10:20.

   C.  Pablo hizo mención al mismo. Filipenses 4:3.

   D.  El libro de la vida estará presente en el día del juicio. Apocalipsis 20:12.

**II.  Hay un libro de las obras.**

   A.  Un día ese libro será abierto. Apocalipsis 20:12.

   B.  Toda obra será traída a juicio. Eclesiastés 12:14.

   C.  Jesús confirmó esta verdad. Mateo 12:36-37.

   D.  Pablo la enseñó. 1 Corintios 4:5.

E. David sabía acerca de ese libro. Salmo 56:8.

## III. El juicio se realizará de acuerdo con esos libros.

A. Los que están inscritos en el libro de la vida entrarán en la nueva Jerusalén. Apocalipsis 21:27.
B. Aquellos que no están inscritos en el libro de la vida serán lanzados al lago de fuego. Apocalipsis 20:15.

## IV. Los pecados pueden ser borrados.

A. David oró pidiendo que sus pecados fueran borrados. Salmo 51:1, 9.
B. Pedro aconsejó el arrepentimiento a fin de que los pecados de los que lo escuchaban fueran borrados. Hechos 3:19.
C. S. Williams en Pulpit

## NUESTRO REFUGIO INEXPUGNABLE
### Salmo 61:3

*Introducción: Al referirnos a un REFUGIO de inmediato acude a nuestra mente el cuadro de un soldado huyendo para escapar de sus odiados enemigos. Con los ojos de nuestra imaginación lo vemos agotado, herido y desanimado, llegándose hasta el portón de un fuerte defendido por sus compañeros. El soldado sabe que al trasponer el umbral del fuerte estará a salvo. El fuerte le ofrece salvación, ayuda, aliento y seguridad.*

## I. Ciudades provisorias de refugio en la antigüedad (Números 35:9-34)

A. Los infractores de la ley divina eran condenados a muerte. Ezequiel 18:4.

B. Sangre por sangre era lo que exigía la ley cuando se quebrantaba. Números 35:33.

   1. El calor de la misericordia de Dios se destacó frente a la ley fría e irreflexible al hacer provisión de seis ciudades de refugio. Números 32:12-15.

   2. Seis es el número del hombre. (Vea Génesis 1:26-31).

C. Era preciso respetar y obedecer las leyes que proveían la vía de escape.

   1. El homicida por equivocación tenía que huir de inmediato a una ciudad de refugio. Josué 20:4-5.

   2. La tradición señala que había caminos anchos, que se mantenían en buenas condiciones para facilitar la huida, así como también señales que indicaban el camino a las ciudades de refugio.

   3. Algunos sacerdotes estaban encargados de correr con el homicida a fin de tratar de disuadir al vengador de la víctima en caso de que alcanzara al homicida por el camino.

   4. A fin de defender y recibir al que venía huyendo, en las puertas de la ciudad había ancianos. Josué 20:4.

D. El vengador tenía derecho de matar al homicida dondequiera que lo encontrara mientras se hallara fuera del refugio. Números 35:27.

   1. Nadie podía entregarle al homicida inocente al vengador de la víctima. Números 35:25; Josué 20:5.

   2. Era menester que el homicida inocente permaneciera dentro de los límites de la ciudad de refugio. Josué 20:4.

      a. Tenía que habitar en la ciudad hasta comparecer en juicio delante de la congregación.

      b. Tenía que vivir allí hasta la muerte del sumo sacerdote. Números 35:25.

      c. La tradición asimismo dice que las esposas de los sumos sacerdotes tenían personas para que enseñaran un oficio y entretuvieran a los refugiados, a fin de que estos no oraran pidiendo la muerte del sumo sacerdote.

     d.  Si el refugiado abandonaba la ciudad estaba a la merced del vengador de la sangre. Números 35:26-28.

## II. Un refugio eterno para hoy día.

A.  Cristo es nuestro REFUGIO divino. Salmo 32:7; Hebreos 6:18 (V.M.).

B.  Todos somos transgresores y por lo tanto estamos expuestos a la condenación. Romanos 6:26; Santiago 2:10.

C.  El vengador de la sangre es el diablo. Es el acusador de los hermanos. Apocalipsis 12:10. El vengador puede llevar a la perdición al que alcanza. 2 Timoteo 2:26; Juan 8:24; 2 Corintios 4:4.

D.  Hay un camino preparado. Juan 14:6; Lucas 7:27.

    1.  Tenemos quién nos indique el camino. Hechos 16:17; 18:25-26; 1 Corintios 12:31.

    2.  Asimismo tenemos a alguien que nos acompaña y nos guía. Juan 16:13; 1 Juan 2:1-2.

E.  Es imprescindible que permanezcamos en Cristo, nuestro REFUGIO. 1 Juan 4:13; Hebreos 4:9,11; Hebreos 6:18.

    1.  Solamente en Cristo hallamos refugio. Juan 10:28; Hechos 4:12.

    2.  Él satisface cada necesidad y cada anhelo de nuestro corazón. Filipenses 4:19.

F.  Nuestro testimonio también nos justifica. Romanos 8:1, 16-17, 33.

G.  Nuestro sumo sacerdote nunca muere. Hebreos 7:23-25.

## III. Seis aspectos de Cristo, nuestro Refugio.

A.  Santo.

    1.  Cades, el nombre de la primera ciudad, significa «santo».

    2.  Cristo es santo en un sentido absoluto. Hebreos 7:26-28.

B.  Gobernador perfecto.

1. Siquem, segunda ciudad de refugio, cuyo nombre significa «hombro». Esto simboliza su gobierno perfecto. Isaías 9; 6.
2. Él se interesa personalmente por sus súbditos. Éxodo 28:12.
3. Se compadece de los perdidos y necesitados. Lucas 15:5.

C. Es amor.
   1. La tercera ciudad, Hebrón, significa «amistad», «comunión».
   2. Existe comunión entre todos los que están en Cristo. 1 Juan 1:6-7.

D. Eterno.
   1. La cuarta ciudad era Beser y su nombre significa «mineral de oro».
   2. El oro simboliza la eternidad o la divinidad.
   3. Cristo es el fundamento de nuestro refugio. 1 Corintios 3:11-12.

E. Celestial.
   1. Ramat, el nombre de la quinta ciudad, significa «altura».
   2. Este nombre describe la vida espiritual en las regiones celestiales. Efesios 1:3.
   3. Es nuestro deber morar en él y buscar las cosas de arriba. Colosenses 3:1-4.

F. Gozoso.
   1. El nombre de Golán, la última ciudad de refugio, significa «alegría» o «círculo».
   2. En el refugio encontramos la plenitud de gozo en su presencia. Salmo 16:11.

*Conclusión: En estos días de tremendas tensiones, frente a la amenaza de una guerra nuclear, la decadencia moral y el enemigo del alma, el diablo, que procura destruir a la humanidad, es necesario saber que Cristo Jesús es un REFUGIO INEXPUGNABLE para todos.*

**Juan C. Jackson**

## PARADOJAS EN LAS ESCRITURAS
### Corintios 2:14

1. Para resultar vencedores es menester que nos rindamos primero. Mateo 5:29; 1 Corintios 15:57.
2. Si queremos vivir, primero debemos morir. Juan 12: 23, 25.
3. Si deseamos salvar nuestra vida, debemos disponernos a perderla. Mateo 10:39; Lucas 17:33.
4. Si anhelamos recibir, primero debemos estar listos para dar. Proverbios 11:25; Lucas 6:38.
5. Si deseamos reinar, es necesario que primero nos dispongamos a servir. Lucas 12:42-44.
6. Si buscamos ser verdaderamente sabios, primeramente debemos disponernos a que se nos considere ignorantes. 1 Corintios 3:18.
7. Si queremos ser exaltados, en primer lugar debemos ser humillados. Mateo 18:4; 23:12.
8. Si es que buscamos ser los primeros, debemos disponernos a ser los últimos. Marcos 9:35; Mateo 20:26.

**Tomado de** *Poder*

## GOZAOS EN EL SEÑOR
### Filipenses 3:1

I. **La naturaleza de este gozo.**

    A. Es la fuerza del creyente. Nehemías 8:10.
    B. Presta ayuda en las persecuciones. Mateo 5:11-12.
    C. Provee amparo y salvación. Salmos 46:1-2; 27:1.
    D. Satisface, quita el vacío del alma.
    E. Es para todo tiempo. Filipenses 4:4. En la adversidad y en las épocas propicias. El Venero de nuestro gozo es inmutable. Hebreos 13:8.

II. **Por qué el creyente debe gozarse en el Señor.**

    A.   Es un mandato. Filipenses 3:1; 4:4.

    B.   Cristo lo pidió en oración. Juan 17:13.

    C.   Es una evidencia del fruto del Espíritu Santo. Gálatas 5:22.

    D.   Ayuda para vivir victoriosamente. 1 Pedro 1:6-8.

    E.   Es una característica del hijo de Dios. Hechos 2:46.

III. **Cómo se obtiene este gozo.**

    A.   Por una fe constante. Filipenses 4:6.

    B.   Por una vida consagrada. 2 Corintios 1:12.

    C.   Al contar con la presencia del Señor. Mateo 28:20.

**Tomado de** *Poder*

# CONFRATERNIDAD BUENA O MALA
## 1 Juan 1:5-9

*Introducción: La confraternidad o el compañerismo se define como asociación, amistad, camaradería, intereses, actividades y sentimientos afines. La Biblia se refiere a varias clases de confraternidad. Unas merecen cultivarse en tanto que otras deben evitarse. El trono de iniquidades no se juntará con Dios. Salmo 94:20.*

I. **Confraternidad que debe evitarse.**

    A.   Confraternidad con los demonios. 1 Corintios 10:20. Se nos dice que debemos evitar:

        1.   La idolatría. Esto puede incluir también la adoración y veneración de imágenes de la iglesia católica romana.

        2.   Todas las formas de espiritismo. Deuteronomio 18:10-14.

    B.   Confraternidad con el mal. 2 Corintios 6:14 al 7:1. Esto significa que no debemos mantener comunión estrecha con los impíos, o dicho de otra manera, «unirnos al yugo desigual con ellos». Si bien no podemos evitar ciertas asociaciones en el mundo, 1 Corintios 5:10, no debemos participar en las obras infructuosas de las tinieblas. Efesios 5:11.

## II. Confraternidad que debe cultivarse.

A. Confraternidad con Dios. 1 Juan 1:3.
B. Confraternidad con Cristo. 1 Corintios 1:9. En esta confraternidad está involucrado tanto el sufrimiento como el gozo. Nuestra oración debería ser como la de Pablo. Filipenses 3:10.
C. Confraternidad con el misterio escondido. Efesios 3:9. Somos uno con Cristo, miembros de su cuerpo, llenos del Espíritu, herederos de Dios y herederos en esta vida de algunas situaciones que no alcanzamos a comprender.
D. Confraternidad en la doctrina. Hechos 2:42. Vivimos en una época en la que abundan las doctrinas extrañas y confusas. Necesitamos continuar firmes en aquella que nos ha dado liberación, bendición y consuelo a nuestra alma.

*Conclusión: Debemos ponernos en contra de toda clase de confraternidad pecaminosa. Efesios 5:11. Igualmente debemos esforzarnos por cultivar y preservar la confraternidad buena, andando en «luz», 1 Juan 1:7, guardando nuestra conciencia pura y manteniendo esa humildad de corazón que nos capacita para «confesar nuestros pecados» cuando vemos que hemos hecho lo malo. 1 Juan 1:9.*

**Ernesto S. Williams en** *Pulpit*

# NUESTRO REPOSO
## Hebreos 4:3-8

*Introducción: El reposo es necesario para el hombre. Los sábados que se mencionan en el Antiguo Testamento proveían un día de reposo por semana, un año cada siete años y un año cada cincuenta años para darle reposo al hombre y a la tierra y libertad a los que estaban bajo esclavitud.*

*Aunque no vivimos ahora bajo las leyes sabáticas del Antiguo Testamento, estas leyes son tipos o símbolos del reposo espiritual y verdadero que es de vital importancia para todos.*

I. **Entramos en el verdadero reposo al recibir a Cristo como Salvador.**

Porque somos libertados de:
A. La carga del pecado. Mateo 11:28.
B. La rebeldía contra Dios. Efesios 2:2-3.
C. La condenación. Juan 5:24; Romanos 8:34.
D. El temor de la muerte. Hebreos 2:15.

II. **Entramos en un reposo más profundo cuando vivimos una vida de consagración (Romanos 12:1-2).**

Porque:
A. El poder del pecado es quebrantado. Romanos 6:6,11, 14.
B. Contamos con las promesas de Dios para la provisión de nuestras necesidades. Mateo 6:25-33.
C. Estamos seguros en cuanto al futuro. Romanos 8:38-39; Hebreos 13:5-6.

III. **Entraremos al reposo eterno y perfecto.**

A. Entonces seremos libres de la presencia del pecado. Apocalipsis 21:4.

B.  Seremos libres de todo llanto, dolor, pena y maldición. Apocalipsis 21:4.

*Conclusión: El verdadero reposo se encuentra tan solo en Jesús. Se recibe por fe. Romanos 5:1-11. Cristo nos invita a participar de este reposo mediante la consagración. Si todavía no ha aceptado a Cristo como Salvador, recíbalo por fe y hallará reposo no solo para ahora, sino para toda la eternidad.*
Tomado de *Poder*

## CUATRO ASPECTOS DE LA FE

1.  Proporciona seguridad. 1 Pedro 1:5.
2.  Es puesta a prueba. 1 Pedro 1:7.
3.  Produce gozo. 1 Pedro 1:8.
4.  Su fin da como resultado la salvación del alma. 1 Pedro 1:9.

**Tomado de** *Mil bosquejos*

## DIOS Y SU PUEBLO
### El pueblo de Dios tiene:

1.  Un lugar en su corazón. Deuteronomio 33:3.
2.  Un lugar en pos de él. Deuteronomio 33:3.
3.  Un lugar en sus manos. Deuteronomio 33:3.
4.  Un lugar cerca de él. Deuteronomio 33:12.
5.  Un lugar entre sus hombros. Deuteronomio 33:12.
6.  Un lugar en sus brazos. Deuteronomio 33:27.

**Tomado de** *Mil bosquejos*

## Siete señales de un cristiano

1. Un cristiano es uno que ha nacido de nuevo. 1 Pedro 1:23.
2. Un cristiano es uno que no busca la salvación por medio de las obras. Efesios 2:9; Romanos 4:6.
3. Un cristiano es uno que por sus obras muestra que ha recibido salvación por medio de Cristo. Tito 2:14.
4. Un cristiano es uno que edifica sobre un fundamento seguro. 1 Corintios 3:11.
5. Un cristiano es uno que confiesa a Cristo. Romanos 10:10.
6. Un cristiano es uno que sirve al Señor y espera su venida. 1 Tesalonicenses 1:9-10.
7. Un cristiano es uno que lleva el mensaje de salvación a otros y ruega a los hombres que se reconcilien con Dios. 2 Corintios 5:20.

**Tomado de** *Mil bosquejos*

## «Lávame...»
### Salmo 51:7

*Introducción: Este salmo, que expresa el arrepentimiento y la plegaria de David luego de que su pecado fuera puesto al descubierto y censurado, ha servido en el transcurso de los años para expresar la angustia y la humillación de muchos pecadores. Examinemos más de cerca esta plegaria del rey David.*

**I.  Es la plegaria de uno que está manchado.**

A.  Lo ha estado aun desde el momento en que fuera concebido, versículo 5. Sin embargo, lo ignoraba. ¿Por qué? Por el placer del pecado, por la costumbre de compararse con los otros hombres. Esta es la actitud de muchos hoy día.

B.  Ahora reconoce su condición. ¿Qué fue lo que hizo posible este cambio de actitud? La Palabra de Dios. El profeta Natán lo confrontó con su pecado. (Vea el Salmo 90:8).

**II. Su actitud según se demuestra en su plegaria.**

A. No trata de negar su pecado ni tampoco busca ocultarlo. No pretende defenderse. No intenta lavarse a sí mismo.
B. Siente vergüenza, confusión, horror. Confiesa no solo el hecho mismo, sino que su propia naturaleza está corrompida.

**III. Dios es su recurso, según lo expresa en su plegaria.**

A. No desespera de su condición. No pide que se le castigue. El castigo es lo único que preocupa a muchos.
B. No pide solo que se le perdone. Quiere algo más. Quiere dejar su maldad. «Purifícame, lava, borra, renueva, crea…» son los términos que emplea. Necesita una nueva naturaleza y no una simple reforma.

**IV. Su confianza en el poder divino se manifiesta en su plegaria.**

A. La comparación «más blanco que la nieve» es una hipérbole que expresa limpiamiento permanente, interior.

**V. En su plegaria señala el medio eficaz para su purificación.**

A. «Con hisopo» es una alusión a la purificación ceremonial de los leprosos, Levítico 14:52, y al rociamiento de la sangre en otras ocasiones, Éxodo 12:22.
B. Sin embargo, no quería una mera limpieza ceremonial. Sabía que solo una sangre preciosa podría limpiarlo. Su fe lo guió al Cordero que nos «limpia de todo pecado».

*Conclusión: Dios limpió a aquel pecador. También quiere limpiarnos y perdonarnos a cada uno de nosotros. (Vea Isaías 1:18). ¿Quiere ser sano, limpio y salvo? Acepte la invitación que Dios le ofrece hoy.*

**Ernesto Barocio en** *Poder*

## DIOS EN MEDIO DE NOSOTROS
### Isaías 12:6

*Introducción: Vivimos en días deprimentes. Los creyentes necesitan ver cuál es su lugar en Dios y cobrar ánimo. A tal fin se sugiere un sermón que reconozca no solo la necesidad, sino también la presencia de Dios para hacerle frente a la necesidad.*

### I. Dios en medio de su pueblo.

*En el tabernáculo.* Cuando Dios separó a Israel de Egipto había formulado planes de vivir entre ellos. Éxodo 25:8.
A. Un santuario es un lugar santo. Dios quiere un pueblo santo, separado.
B. Es un lugar donde se honra a Dios y se busca su voluntad.
C. En el santuario, ahora el corazón consagrado, Dios habita en medio de su pueblo.

### II. Dios en medio para consolar y ayudar (Isaías 57:15).

A. Dios es eterno, habita en el santo cielo. Vive por encima de las tormentas de la vida, pero no es impasible.
B. Dios también mora con los que le aman. Su propósito es ayudarlos y consolarlos. Ha prometido no dejarnos ni desampararnos.

### III. Dios en medio como un río refrescante (Salmo 46:5-7).

A. En medio para salvar. Salmo 74:12. (Nota: La salvación

puede aplicarse ya sea para la salvación de los perdidos o la liberación del pueblo de Dios).

B. Para proteger y guardar en el horno de la aflicción. Daniel 3:25. Esto es un consuelo para los que sufren y están abatidos.

IV. **Dios en medio cuando nos reunimos para adorarle.**

A. Ningún grupo es demasiado pequeño. Mateo 18:20.
B. Es necesario que seamos fieles en nuestra adoración a él. Hebreos 10:25.

V. **Dios está en medio y por lo tanto está cerca. (Vea Efesios 4:8-10).**

A. Dios está en medio de su iglesia universal.
B. Dios está en medio de las asambleas cuando se reúnen en su nombre.
C. Dios está en medio, en el corazón del hombre. Mire por fe y lo hallará. Mateo 28:20; Hebreos 13:5.
D. S. Williams en Pulpit

## EL LIBRO DE MEMORIAS
### Malaquías 3:16-17

*Introducción: La condición de Israel años después de su retorno del cautiverio en Babilonia: eran infieles y fríos, descuidados en servir al Señor. Consideraron el servicio a Dios despreciable, tuvieron falta de reverencia. Dijeron que no valía la pena servir a Dios, que no habría provecho en ello. Y así hay muchos en el día de hoy.*

I. **Malaquías profetiza que el Señor vendrá (3:1).**

A. ¿Quién podrá sufrirlo? ¿Quién podrá estar en pie? (3:2-3).

B. Advierte que Dios conoce sus pecados (vv. 5-6); conoce el desprecio que muestran ante su ley, su casa y su servicio (vv. 8-10). Los llama a ser fieles y los bendecirá (vv. 10-11).

C. Advierte que Dios conoce su conversación, sus palabras, sus acusaciones (vv. 13-15). ¡Cuántas personas hoy día piensan como ellos, que Dios es duro, demanda mucho, que les va mejor sin él y sin la iglesia!

## II. El remanente fiel (v. 16), el rebaño pequeño.

A. El pueblo fiel de Dios es a veces probado; parece en ocasiones como si el Señor no oyera y el enemigo prosperara, pero no murmuran, sino que se lo cuentan al Señor. Salmo 73:12-17.
   1. La fe es más preciosa que el oro. Mil años con el Señor es como un día. 2 Corintios 4:17-18; 1 Pedro 1:7-8.

B. El profeta ve que mientras los infieles murmuran y critican, hay otra compañía que se deleitaba en unirse para alabar a Dios y hablar de su amor, así como para animarse en oración y con sus testimonios (v. 16). Hebreos 10:24-25. Así hallaron fuerzas y ánimo en medio de las pruebas.

## III. Jehová escuchó y escribió (v. 16).

A. Dios está siempre presente, nos ama y desea nuestra compañía (Cantar de los Cantares 2:14).

B. Oye nuestra conversación. Hacemos que esté contento o triste. ¿Qué oye Dios en las conversaciones que usted entabla: incredulidad, murmuración y críticas, o fe, alabanzas y oración?

C. El libro de memorias, para aquellos cuya conversación y vida le agradan. ¿Cuánta de nuestra conversación diaria entra en este libro? ¡Practiquemos la presencia de Dios!

D. Algún día será abierto y leído. Hebreos 4:13; Lucas 12:2, 3. Habrá galardón.

IV. «Serán para mí especial tesoro» en aquel día.

   A. Es maravilloso que Dios hallara algo en este mundo que pueda considerar como un tesoro.
   B. Los que le aman, le temen y participan de su naturaleza.
   C. Cada uno es objeto de especial reconocimiento, una joya guardada (Daniel 12:3) hasta «aquel día».

V. Les perdonará y los guardará.

   A. Del juicio terrible, Malaquías 4:1,2, cuando los hombres clamarán a las rocas que caigan sobre ellos para que los cubran. Apocalipsis 6:16; 3:10.
   B. Entonces se verá que vale la pena servir al Señor.

*Conclusión: Hay otro libro en el cual están escritos los que no le aman. ¿Qué oirás tú en aquel día: «Eres mi especial tesoro» o «Apártate [...] nunca te conocí»?*

E. F. Blattner

# LA BIENAVENTURANZA DE LOS PERDONADOS
### Salmo 32

*Introducción: Salmo de experiencia. Una descripción de la condición del alma en su pecado y angustia, y del gozo del perdón. David escondió su pecado, 2 Samuel 11 y 12. Fue un año de muerte espiritual y la mano de Dios estaba contra él.*

I. Condición del hombre perdonado: Bienaventurado (feliz) (v. 1).

   A. El mundo llama feliz al que tiene dinero, posición.

B. David, el rey, se llama feliz porque han sido perdonados y borrados sus pecados. Jehová no le imputa la iniquidad. Salmo 32:1, 2.

## II. La experiencia de David para nuestra enseñanza (vv. 3-5).

A. Hay necesidad de confesión. Sin ella no hay perdón ni paz. David guardó silencio, dio excusas, sufrió castigo.
B. Infeliz es el que no se confiesa pecador delante de Dios.
C. Infeliz es aquel que convencido de su pecado no se arrepiente. La conciencia acusa, el cuerpo y el alma se enferman (v. 4).
D. Infeliz el creyente que encubre su pecado (Proverbios 28:13).
E. David dijo: «Confesaré [...] a Jehová» (Salmo 51:5).
F. El resultado: «Tú perdonaste». Él solo tiene la cuenta, él solo la puede borrar (1 Juan 1:9). Bienaventurado (Salmo 32:1).
G. La base del perdón: el sacrificio de Cristo.

*Conclusión: Tú puedes ser bienaventurado. Cristo te llama.*

**E. F. Blattner**

# UN OÍDO SORDO Y SUS CONSECUENCIAS
### Salmo 81:11-16

## I. La acusación de Dios (v. 11). Véanse vv. 1-3, 7-10.

A. Mi pueblo: el receptor de sus favores (ya sea Israel, la iglesia o aun el pecador).
B. «No oyó mi voz». Tenemos libre voluntad, un don que ha sido dado no a la naturaleza, a las estrellas o los animales, sino solo al hombre. Tenemos poder de oír o desoír, amar

o aborrecer o rechazar a Dios. Desoír la voz de Dios es la perversión de la libre voluntad. Juan 5:40; Jeremías 44:16.

C. «No me quiso a mí». No se preocuparon de su favor ni de su desfavor. Este fue el secreto de todas sus calamidades y miserias. Jeremías 22:21.

Dios habla por su Palabra (pero no quieren leerla); por sus ministros (pero no los oyen); por su Espíritu en la conciencia (pero se hacen sordos); por las circunstancias (pero dicen fue una mera coincidencia); por su providencia y su bondad, pero todo es en vano.

## II. El juicio de Dios (v. 12). «Los dejé».

A. Es triste la condición del hombre a quien Dios deja en libertad para seguir su propio camino; la conciencia no reclama ni reprueba; el Espíritu no habla. No hay más intervenciones divinas, ni misericordias ni invitaciones. Se guían por sus propios deseos y concupiscencias. Jeremías 17:9. Esta condición es un juicio terrible. Romanos 1:24, 26.

B. «Caminaron en sus propios consejos», sin sabiduría o ayuda de Dios. ¡Ah, la miseria de un alma dejada por Dios!

## III. La lamentación de Dios (v. 13). ¡Cuán grande es su amor! No quiso dejarlos.

A. Él le ha revelado al hombre «el camino de vida».
B. Se goza en bendecirnos. Responde cuando nos arrepentimos.
C. A veces no puede darnos bendiciones temporales porque el corazón rebelde las tornaría en maldiciones (v. 13).

## IV. Lo que Dios estaba listo para hacer en su favor (vv. 14-16).

A. Derribar a sus enemigos (espirituales, físicos, temporales). Con Dios a nuestro lado, ¿quién puede estar en contra?

B.  Darles vida eterna (v. 15). «El tiempo de ellos sería para siempre».
C.  Proporcionarles gozo, satisfacción, plenitud (v. 15). Isaías 48:18.
D.  Es triste contemplar «lo que hubiera habido» en la vida de cada uno si solo hubiéramos oído y obedecido: el gozo, la felicidad, el triunfo. Por no haber oído, muchas vidas están arruinadas.
E.  Al fin de la vida veremos lo que hubiéramos sido. Demasiado tarde percibiremos las consecuencias de un oído sordo.

*Conclusión: Nada de esto gozaron porque no quisieron. Mateo 23:37. No permita que Dios tenga que lamentarse de usted, sino declare con Jesús: «Me gozo en hacer tu voluntad», de modo que Dios pueda decir de usted como dijo de Jesús: «Este es mi hijo amado, en quien tengo complacencia».*

**E. F. Blattner**

# EL NOMBRE DE JESÚS

**I.  En el nombre de Jesús recibimos:**

A.  Salvación. Hechos 4:12; Juan 1:12.
B.  Remisión de pecados. Hechos 10:43.
C.  Vida. Juan 20:31.
D.  Sanidad del cuerpo 4:10; 3:16.
E.  Por causa de su nombre seremos aborrecidos. Lucas 21:12, 17.

**II.  En el nombre de Jesús debemos:**

A.  Congregarnos. Mateo 18:20.
B.  Dar gracias. Hebreos 13:15; Efesios 5:20.

C. Hacer todas las cosas. Colosenses 3:17.

D. Orar. Juan 14:13, 14; 16:23, 24.

E. Sufrir. Hechos 5:41.

**III. En su nombre el Señor Jesús está:**

A. Recogiendo un pueblo. Hechos 15:14 y pondrá su nombre en la frente de los suyos. Apocalipsis 22:4.

**E. F. Blattner**

## EL PODER DE LA ALABANZA

*El mundo es consciente de lo que significa el poder: poder nuclear, poder militar, poder para destruir, poder para gobernar; sin embargo, no reconoce el poder de Dios. Este poder es puesto en acción por medio de las alabanzas y el agradecimiento del pueblo de Dios. Hay poder para vivir, para vencer el mal, para cambiar las circunstancias, para sanar.*

I. ¿Qué es la alabanza?

A. Es la confesión de las excelencias y perfecciones de Dios, sus misericordias y bendiciones. Mana del corazón redimido al contemplar sus obras en la naturaleza, en el hombre, en las circunstancias. Salmo 138:1-6.

B. No es una mera repetición de palabras, aunque las palabras son importantes. Es una actitud del corazón; viene de la meditación, de la oración, de cantar, de leer la Palabra. Salmos 139:14, 17; 145:10; 146:1, 2; 147:1, 7, 12-14; 149:1-2, 5, 6; 150.

C. Tenemos razón al alabar a Dios por lo que es; por lo que ha hecho. Esta es la ocupación de los ángeles y los redimidos en gloria, y el tema principal es el Cordero, Apocalipsis 5:11-13; 7:9-12.

**II. El que alaba a Dios le honra (Salmo 50:23).**

A.  Para esto fuimos creados.
B.  Es la vida normal del creyente. 1 Tesalonicenses 5:16-18; Efesios 5:19-20. ¡Demos lugar a la alabanza!
C.  La alabanza en todas las circunstancias de la vida honra a Dios porque muestra nuestra fe en él, Job 1:20-21, y es razonable porque el creyente tiene una maravillosa promesa, Romanos 8:28.

**III. Hay poder en la alabanza.**

A.  Dios se acerca, Salmo 22:3, y su poder es manifestado.
B.  Vence a la duda, el temor y Satanás. Es necesario usarla junto con la oración. Filipenses 4:6.
C.  Ejemplos del poder de la alabanza: Al tocar las trompetas cayeron los muros de Jericó, Josué 6. Cuando Judá glorificó y alabó a Dios, el enemigo fue derrotado, 2 Crónicas 20:18-26. Cuando Pablo y Silas cantaron y alabaron, fueron libertados de la cárcel, Hechos 16:25.

*Conclusión: Practica la vida de alabanza al despertar, al dormir, durante el día, silenciosamente y en voz alta. Hay poder en la alabanza; moverá la mano de Dios; derrotará al enemigo; traerá el triunfo siempre.*

E. F. Blattner

# EL PECADO
### Romanos 7:6-13

*Esta es una palabra que se entiende poco, a veces se niega, a veces se hace burla de ella. Es una de las dos palabras más importantes en la historia del hombre: pecado y salvación.*

I. **El pecado.**

    A. Es la rebelión contra Dios, la transgresión de su ley. Es todo acto de desobediencia.
    B. Empezó antes del mundo con Satán, Ezequiel 28:14-17; hizo que los ángeles cayeran; venció a Adán. La historia del pecado continúa hasta el Anticristo, 2 Tesalonicenses 2:4.
    C. Tiene muchas manifestaciones distintas, Romanos 1:29-32.
    D. ¿Quién ha pecado?, Romanos 3:23.

II. **Consecuencias tremendas y amargas del pecado.**

    A. Satán perdió el cielo y el poder legítimo. El infierno ha sido hecho para él y sus ángeles.
    B. Adán perdió el Edén y cosechó trabajo, sudor, sufrimiento y muerte.
    C. Sodoma y Gomorra fueron destruidas.
    D. El mundo en el tiempo de Noé fue destruido.
    E. Mire el final, el día de juicio, cuando Dios dirá: «Apartaos».
    F. Piense en el mundo de los perdidos. El rico y Lázaro. Lucas 16:20-21.
    G. Vea a Cristo en la cruz. El pecado hizo esto.

III. **Todos pecaron... todos están perdidos... ¿Qué hacer?**

Esto es cosa seria. Se trata de un asunto de vida o muerte. Salmo 51:4, 1-3.
    A. Jesús dijo: «Arrepentíos», Lucas 13:3.
    B. Hay remedio. Cristo murió, fue desamparado por el Padre al pagar nuestros pecados; ahora salva, perdona. 1 Juan 1:9.
    C. Da poder para vencer el pecado.

IV. **Dios le habla al creyente y al pecador.**

    A. La iglesia es su deleite. Satanás busca debilitarla, devorarla. 1 Pedro 5:8. Vivir en pecado significa condenación.

B. Al pecador lo invita, Hebreos 4:7, y le advierte, Hebreos 4:13.

C. Al creyente le esperan premios; al pecador, la perdición eterna.

Huya del pecado, acuda a Cristo y gozará del perdón, la paz y la vida eterna.

E. F. Blattner

## La Venida de Cristo y la traslación de la iglesia
### Romanos 13:11

*Introducción: Las señales dicen claramente que el día del juicio se acerca; la tribulación está a las puertas; el hombre prepara su propia destrucción. Armas mortíferas, bombas e instrumentos infernales no pueden ser almacenados por mucho tiempo. Se prepara una catástrofe enorme. El hombre desafía a Dios o es indiferente o incrédulo. De la tribulación que se avecina, Cristo dijo que si no fuesen acortados los días, nadie se salvaría. Sin embargo, el cristiano tiene una promesa (Apocalipsis 3:10-11).*

I. ¿Qué es la traslación?

A. Su venida en las nubes (como se fue). Hechos 1:10-11; Juan 14:3; 1 Corintios 15:51-52.

B. Los espíritus de los justos reunidos a sus cuerpos resucitados; los vivos transformados; transportados al cielo. 1 Tesalonicenses 4:15-17.

C. Las multitudes dejadas.

II. ¿A dónde nos llevará y qué acontecerá?

A. Al cielo: «Estaremos con el Señor».

B. Apareceremos delante del tribunal de Cristo. Seremos

juzgados según nuestras obras (no para castigo). Recibiremos nuestra recompensa. 1 Corintios 4:5; 1 Corintios 3:11-15; 2 Corintios 5:10.

C. Después de siete años de tribulación en la tierra, Cristo volverá con su iglesia y establecerá su reino milenario. Algunos ocuparán puestos de poder y confianza. Lucas 19:13-20; Mateo 25:21-23.

### III. La preparación es necesaria.

A. Los últimos avisos y exhortaciones de Jesús. Lucas 21:23, 36.

B. La parábola de las diez vírgenes muestra que muchos profesantes no estarán listos. Mateo 25.

C. Es necesario velar, orar, santificarse y vivir en la presencia de Jesús. 1 Pedro 1:13-15; 2 Pedro 2:10-11; 2 Pedro 3:14.

*Conclusión: Tenemos un enemigo que no duerme. El día se acerca. Consagremos nuestras vidas y vivamos en espera de la venida de Cristo.*

E. F. Blattner

## VELAD
### Lucas 21:27, 34-36

*Introducción: Peligros del tiempo presente; futuro oscuro; juicios; señales de su venida.*

### I. Velad.

A. Porque tenemos un enemigo poderoso.

B. Porque es fácil tener el nombre de cristiano sin el poder.

C. Porque hay gran peligro, el Señor lo advierte.

II. **¿Qué hemos de velar?**

    A.  A nosotros mismos: la carne, el pecado, la impureza, el engaño, el orgullo, las mentiras, el odio, el rencor.

    B.  Nuestra vida de oración.

    C.  Nuestra vida de alabanza.

    D.  Nuestra vida en la iglesia y en público.

    E.  Nuestro amor y consagración. Apocalipsis 2:4. (Sansón «no sabía que Jehová se había apartado de él», Jueces 16:20). Sobre muchos está escrito «Icabod» (la gloria se ha ido) por no haber velado.

III. **Peligros si no velamos.**

    A.  De caer en la hora de la tentación.

    B.  De no estar listos cuando Cristo venga. Apocalipsis 19:7-8; Efesios 5:25-27; Lucas 21:34.

    C.  De ser reprobados. 1 Corintios 9:27.

    D.  De perder el galardón. Pablo velando. Filipenses 3:13-14.

IV. **¿Cómo velaremos?**

    A.  Orando en todo tiempo. Lucas 21:36.

    B.  Oyendo y obedeciendo la voz del Espíritu Santo.

*Conclusión: Cristiano, vela. No pierdas el galardón. Pecador, no estás en condición de velar, estás ya perdido. Arrepiéntete, recibe a Cristo para poder velar y estar listo cuando Cristo venga.*

**E. F. Blattner**

# Rebeca, la esposa de Isaac
## Génesis 24

*Introducción: Un estudio de ella, la cual simboliza a la iglesia como esposa de Cristo.*

I. **El siervo de Abraham, Eliezer (Génesis 15:2), fue enviado en busca de esposa para el hijo de la promesa, Isaac (vv. 1-10). (Abraham simboliza al Padre Dios; Isaac, al Hijo de Dios, y Eliezer, al Espíritu Santo).**

   A. Fue enviado a la tierra de la parentela de Abraham (vv. 4 y 7). El Espíritu Santo en esta dispensación busca a las almas perdidas en el mundo para componer la iglesia, la esposa de Cristo. Juan 4:44; Efesios 1:4-23.
   B. Halló a Rebeca junto a un pozo de agua (vv. 11-16). El Espíritu Santo atrae a las almas a aguas de salvación. Juan 6:46; Isaías 55:1; 12:3.

II. **Las cualidades de Rebeca.**

   A. De muy hermoso aspecto (v. 17). La iglesia de igual manera. Cantar de los Cantares 4:1-6.
   B. Era virgen y pura (v. 16). Y así la iglesia. Efesios 5:25-27; Cantar de los Cantares 4:7; Efesios 1:4.
   C. Estaba dispuesta a servir (vv. 17-20). La iglesia fue creada en Cristo para las buenas obras. Efesios 2:10; Juan 15:16.

III. **Eliezer le habla a Rebeca del hijo de la promesa, Isaac (vv. 34-49). El Espíritu revela las cosas de Cristo a la iglesia. Juan 14:26; 16:13, 14.**

IV. **Rebeca amó a Isaac sin haberlo visto y dejó todo para ser** su esposa (vv. 58-61). La iglesia hace lo mismo. 1 Pedro 1:8; Romanos 12:1, 2.

V.  Rebeca se preparó para el encuentro con Isaac (vv. 64, 65). La iglesia se prepara para la venida de Cristo, su esposo. Apocalipsis 19:7, 8; Salmo 45:9-15.

## JESÚS, LA OFRENDA POR EL PECADO
### 1 Juan 2:2

*Introducción: Oímos y leemos muchas cosas concernientes a la muerte de Jesús como el Cordero de Dios, a la ofrenda por el pecado del mundo. Este versículo de la Escritura presenta con claridad tres cosas concernientes a la ofrenda de Jesús en la cruz.*

I.  Que el pecado es mundial.

   A.  No hay pueblo que no haya sido manchado por el pecado. Romanos 3:9, 10, 23; 11:32.
   B.  El pecado arruinó al mundo entero.

II.  Que Jesús es el Salvador mundial.

   A.  Dios amó al mundo. Juan 3:16.
   B.  Las palabras de Simeón. Lucas 2:28-32.
   C.  Muchas veces se ofreció al mundo.
      1.  La mujer cananea. Mateo 15:21-28.
      2.  La mujer samaritana. Juan 4.
      3.  Otras ovejas tengo. Juan 10:16.
   D.  No hay otro nombre por el cual podamos ser salvos. Hechos 4:12.

**III. Que Jesús es nuestro Salvador personal.**

    A.  Muchas veces Jesús se dirigió a determinados individuos. Zaqueo, Lucas 19; la mujer adúltera, Lucas 7:37-50; el ladrón en la cruz, Lucas 23:43.

    B.  Llevó nuestros pecados a la cruz, Colosenses 2:14; Juan 5:24.

*Conclusión: Recordemos que Cristo murió por nosotros como individuos.*

W. S. Barham

## EL HOMBRE MARAVILLOSO
### Juan 11

*Introducción: El adjetivo «maravilloso» se emplea para denotar algo extraordinario, excelente, admirable. Al aplicársele a Jesús, se da a entender algo incomparablemente diferente.*

**I.  La humanidad vio a este Hombre maravilloso.**

    A.  En el mensaje de los profetas.
        1.  Su nombre fue el tema central de los mensajes proféticos.
        2.  Millones habían oído hablar de él y deseado verle antes de su venida.

    B.  En la semejanza de hombre.
        1.  Dios encarnado.
        2.  La más grande visitación de Dios desde la creación.

## II. Lo admirable de este Hombre maravilloso.

    A. ¿Habrá sido su poder?
   1. Fue el poder de los poderes entre los hombres.
   2. Sin embargo, no fue su poder lo que hizo de él el Hombre maravilloso.

    B. ¿Habrá sido su sabiduría?
   1. Los grandes pensadores de su día vacilaron frente a sus palabras.
   2. Su sabiduría no era el secreto de su grandeza.

    C. ¿Habrá sido su amor?
   1. La Biblia dice que «Dios es amor». En 1 Juan 4:9 afirma: «En esto se mostró el amor de Dios para con nosotros, en que Dios envió a su Hijo unigénito al mundo, para que vivamos por él».
   2. Fue el amor. Cada movimiento, cada palabra de Jesús estaban revestidos de amor. Un amor sin igual.

## III. Los hombres vieron la maravilla del Hombre maravilloso.

    A. En su actitud. Juan 11:36.
    B. En su oración. Juan 11:41.
    C. En su poderoso mandato. Juan 11:43; Mateo 9:6.
    D. En su gran anuncio. Lucas 7:48.
    E. En su declaración final. Juan 19:30.

*Conclusión: Ahora, en esta maravilla sin igual, el amor de Dios en el Hombre maravilloso, tenemos una salvación perfecta e incomparable.*

**Lyman A. Jollay en Pulpit**

# La adopción del creyente
## Efesios 1:5

*Introducción: El creyente en Jesucristo ha sido adoptado en la familia de Dios y goza de todos los privilegios de hijo.*

I.  **La grandeza de la adopción.**

   A.  Por el ser que la confiere. 2 Corintios 6:18.
   B.  Por el precio que la procuró.
   C.  Por la herencia que acompaña a la adopción. Romanos 8:17.
   D.  Por la manera en que es dada: el nuevo nacimiento. Juan 1:12-13.

II. **Los beneficios de la adopción.**

   A.  El espíritu de adopción intercede a nuestro favor. Romanos 8:15.
   B.  Cuidado y protección divina. Romanos 8:32-39.
   C.  Todas las cosas divinamente ordenadas para nuestro bien. Romanos 8:28.

III. **Evidencias de la adopción.**

   A.  Transformados en la imagen de Dios. 2 Corintios 3:18.
   B.  El amor de Dios manifestado a nuestro favor. 1 Juan 4:9-10.
   C.  Nuestro amor hacia nuestros semejantes. 1 Juan 4:11.

IV. **Deberes de los que han recibido la adopción.**

   A.  Andar como es digno de la vocación. Efesios 4:1-2.
   B.  Obedecer la voluntad del Padre.
   C.  Tener presente a sus hermanos en el Señor.
   D.  Desear su hogar eterno.

Tomado de *Poder*

## LA DIGNIDAD PERSONAL DEL CRISTIANO

*Introducción: «¿Un hombre como yo ha de huir?» (Nehemías 6:11).
Esa es la exclamación de un hombre de honor, que se respeta a sí
mismo. Existen muchos falsos conceptos de la dignidad y el honor.
Para unos solo es digno lo que es popular; para otros la dignidad es
orgullo o soberbia (jamás confiesan un error, piden perdón o tratan a
los humildes); para otros es vanidad (el vestido, la etiqueta, la ceremo-
nia). En el creyente posee la nobleza de carácter que inspira el amor a
Cristo y tiene un alto concepto de su vocación.*

I.  **Cosas que fomentan en el corazón el sentimiento de digni-
    dad personal.**

    A.  El nombre de «cristiano», un nombre que simboliza lo más
        puro y noble.
    B.  La profesión ante una iglesia, el mundo, los ángeles. 1 Ti-
        moteo 6:12; Hebreos 12:1.
    C.  La responsabilidad. Cristo nos ha confiado su honra y su
        causa. Hechos 1:8. Somos sus soldados, sus embajadores.
    D.  La influencia. Alguien hará como yo.
    E.  El noble ejemplo de otros cristianos piadosos.
    F.  La comunión con Cristo. Hechos 4:13.

II. **Algunas cosas en que se manifiesta la dignidad personal.**

    A.  No en el menosprecio de otros ni en jactancia alguna. 1
        Corintios 1:31.
    B.  En la prontitud con que se rechaza toda sugerencia indigna.
        1.  Nehemías. Nehemías 5.
        2.  José. Génesis 39:1-20.
        3.  David. 1 Samuel 24:1-22.
        4.  Jesús. Mateo 4:1-11.
        5.  Pedro. Hechos 8:20.
    C.  En la disposición para cumplir con el deber a costa de cual-
        quier sacrificio.
        1.  Daniel. Daniel 6:1-28.

2. Pedro y Juan. Hechos 5:17-29.

D. En todos los actos de la vida. Tengamos siempre en cuenta lo que somos, lo que Cristo espera de nosotros y lo que debemos ser. 1 Juan 3:2.

**Ernesto Barocio en** *Poder*

# EL CAMPO DE PRUEBA PARA EL SOLDADO CRISTIANO

*Introducción: Moisés dijo: «No temáis; porque para probaros vino Dios». Éxodo 20:20. El diccionario define la palabra probar como «ensayar y experimentar la cualidad de una cosa; manifestar la verdad de una cosa, examinar la medida o exactitud de algo».*

**I. Quien nos prueba.**

A. Dios solo. Salmo 11:5; Zacarías 13:9.
B. En el momento preciso. Génesis 22:1.

**II. Por qué nos prueba.**

A. Para hacernos bien. Deuteronomio 8:16. Satanás nos tienta para hacernos pecar, pero el Señor siempre nos prueba para hacernos bien.
B. Para mostrar lo bueno que hay en nosotros. Deuteronomio 8:2. Dios no prueba a sus hijos más de lo que pueden soportar, ni los prueba a menos que vea en ellos alguna cualidad que merezca ser puesta a prueba.

**III. Lo que prueba en nosotros.**

A. Nuestro amor por él. Deuteronomio 13:3.
B. Nuestra obediencia a sus palabras. Éxodo 16:4; Deuteronomio 8:2.

C. Nuestra lealtad. Jueces 2:22.

D. Nuestra fe en él. 1 Pedro 1:7.

## IV. Cómo nos prueba.

A. Por medio de las tentaciones que permite que nos sobrevengan. Deuteronomio 13:1-3.

B. Por medio de las órdenes que nos da. Éxodo 16:4. ¿Recogemos pan para nuestras almas todos los días? ¿Leemos su Palabra para conocer cuál es su voluntad y obedecer sus mandamientos?

C. Por medio de otras personas. Jueces 2:21-22. A veces el Señor coloca a sus hijos en medio de personas que no lo conocen a fin de probar si le serán fieles donde quiera que se encuentren. ¿Le seremos fieles en un ambiente extraño, rodeados de un bajo nivel de conducta, o nos dejaremos estar?

D. Poniendo a prueba nuestra fe. 1 Pedro 1:7. Nuestra fe es más preciosa que el oro y se prueba con fuego, tal como se prueba el oro. Mientras mayor es el calor del horno, tanto más puro y brillante el oro que sale. Santiago 1:3.

E. Al humillarnos. Salmo 66:10-12.

## V. Cómo puso a prueba a Israel.

A. En Mara. Éxodo 15:25. Esta fue una prueba física. Los israelitas tenían sed, y lo único que hallaron para beber eran aguas amargas. Cuando se les probó de esta manera, murmuraron. A veces Dios nos lleva junto a aguas amargas a fin de ver si probaremos de su gracia y el poder del «árbol» para endulzar lo amargo.

B. En el desierto. Éxodo 16:4. Esta se trató de otra prueba física. Tenían hambre y murmuraron en lugar de confiar en que Dios supliría sus necesidades.

C. En Refidim. «Te probé junto a las aguas de Meriba» (Salmo 81:7). «Y llamó el nombre de aquel lugar Masah [prueba]»

(Éxodo 17:7). Aquí no había agua. Luego de las pruebas a que Dios los sometiera en Mara y el desierto de Sin, con seguridad podrían haber soportado su prueba, pero en lugar de ello exclamaron: «¿Está, pues, Jehová entre nosotros, o no?», tentando a Jehová para que los dejara.

D. Algunos demostraron ser fieles. Deuteronomio 33:8.

## VI. Cómo podemos probarnos a nosotros mismos.

A. Examinándonos. 2 Corintios 13:5.
B. Corrigiéndonos. 1 Corintios 11:28, 31; Romanos 14:22.
C. Vindicándonos. Gálatas 6:4; Romanos 14:22.

## VII. Una época de prueba mayor.

A. Para los cantos. 1 Corintios 3:13.
B. Para los pecadores. Apocalipsis 3:10.
C. La gran recompensa. Santiago 1:12; 1 Pedro 4:13; Salmo 17:3.

**Jessie Penn-Lewis** en *Pulpit*

# EN EL DÍA DE PENTECOSTÉS
## Hechos 2:1-4

## I. ¿Quiénes estaban allí?

A. Los apóstoles. Hechos 1:13, 26.
Pasemos revista al pasado de alguno de los apóstoles.
   1. Pedro había negado a Jesús. Marcos 14:67-71.
   2. Jacobo y Juan habían buscado un favor especial. Marcos 10:35-37.
   3. Mateo había sido un recaudador de impuestos. Mateo 9:9.
   4. Tomás se había mostrado incrédulo. Juan 20:25.

B. Las mujeres y María, la madre de Jesús. Hechos 1:14.

## II. ¿Por qué estaban allí?

A. Para obedecer el mandato de Jesús. Hechos 1:14; Juan 14:15.
B. Para recibir poder. Juan 20:19; Hechos 1:8.

## III. ¿Dónde tuvo lugar la reunión?

A. En un lugar de separación, el aposento alto. Hechos 1:13.
B. En un lugar donde prevalecía la unidad. Hechos 2:1.

## IV. ¿Qué sucedió?

A. Recibieron el Espíritu Santo. Hechos 2:4.
B. Entre los presentes había algunos que se burlaban. Hechos 2:12-13.

## V. ¿Puede volver a repetirse?

A. Sí es posible, cuando se cumplen los requisitos fijados. Hechos 2:38.
   1. Arrepentimiento.
   2. Bautismo.
   3. «Recibiréis el don del Espíritu Santo».
B. «Porque para vosotros es la promesa…». Hechos 2:39.
C. M. Ruble en Pulpit

# LA BENDICIÓN DE LA JUSTIFICACIÓN
### Romanos 5:1-2

## I. Paz en lo que respecta al pasado.

La reconciliación entre Dios y el hombre tuvo lugar en la cruz. Por medio de la sangre de su Hijo, el Señor Jesucristo, Dios firmó un pacto de paz con el hombre. Isaías 53:5; Efesios 2:14; Colosenses 1:20.

## II. Gracia para el tiempo presente.

A. Para triunfar sobre el pecado. Romanos 6:14; 5:20.
   La gracia de Dios era suficiente para la Roma pagana o la licenciosa Corinto.
B. Para la victoria sobre las dificultades. 2 Corintios 12:9.
   Dios podría haberle quitado el aguijón, pero la gracia no hubiera sido perfeccionada en la vida de Pablo.

## III. Gloria para el futuro.

A. Tendremos un nuevo cuerpo. 2 Corintios 5:1.
B. Este cuerpo será semejante al cuerpo glorificado de Jesús. Filipenses 3:21; 1 Juan 3:2.

**R. T. Jackson en** *Pulpit*


## PAZ EN LA TIERRA
### Lucas 2:14; Juan 14:27

*Introducción: El mundo anhela la paz, pero está lejos de ella y hay gran temor por las cosas que han de acontecer.*

## I. Un cuadro de la paz en la tierra.

A. El huerto del Edén.
   1. Había paz con Dios y en el corazón.
   2. Había paz en la conciencia y en el cuerpo (no existían las enfermedades).

3. Había paz en la naturaleza y en la creación animal.

B. El paraíso terrenal abundaba todo y nada causaba molestias.

## II. Huye la paz.

A. Entra el pecado.
1. El hombre se oculta.
2. Se perturba y molesta.
B. Empiezan las enfermedades, el hambre, los sufrimientos y la muerte.
C. A causa del pecado no hubo paz por cuatro mil años.

## III. Un mensaje celestial: «En la tierra paz».

A. Los ángeles la proclaman y guían a los pastores al establo.
B. Nace el Príncipe de paz y con su nacimiento trae:
1. Esperanza para el mundo.
2. Por él multitudes hallarán paz eterna.
3. Los que le rechazan nunca hallarán esa paz.
C. Con su crucifixión, el Príncipe de paz conquistó nuestra paz. Isaías 53:5.

## IV. El mensaje de los ángeles es verificado (Juan 14:27).

A. Paz, el don de Dios a los que creen.
B. Paz con Dios por medio del perdón. Romanos 5:1.
C. Paz de conciencia y corazón. Efesios 2:13-14.
D. Paz al conocer al Salvador eterno y al Padre amante. Filipenses 4:6-7.
E. Paz que proviene de la certeza de un glorioso futuro. Juan 14:3.

*Conclusión: Cristo lloró sobre Jerusalén porque la ciudad no conocía lo que le podía traer paz. Lucas 19:41-42. ¿Conoce usted dónde está su paz? Crea en aquél que nació y murió para darle vida eterna.*

**E. F. Blattner**

# DECISIÓN EN EL UMBRAL
# DE UN NUEVO AÑO
### Salmo 90:10, 12

*Introducción: Cada año que transcurre nos lleva más cerca de la eternidad. Cada año que pasa debe llevarnos más cerca de Cristo.*

I.  **Es hora de hacer un inventario del año pasado (ganancias o pérdidas).**

    A.   Algunos agradecen por la gracia que los ha sostenido.

    B.   Algunos celebran el haber hallado a Cristo como Salvador.

    C.   Algunos lloran sus faltas y se lamentan de haber vivido una vida desobediente, apartada y fría.

    D.   Algunos no conocen a Cristo y solo por la misericordia de Dios no han muerto en sus pecados. Todavía están a tiempo de ser salvos.

II.  **Es hora de mirar al futuro.**

    A.   Los años vuelan hacia el cumplimiento de las profecías. El mundo se prepara para la época en que reinará el anticristo. Las fuerzas satánicas desafían a Dios. La batalla de Armagedón está en gestación. Cristo viene por los suyos.

    B.   Cristo advierte del peligro y llama al arrepentimiento, la consagración y la preparación. Lucas 21:31-36.

III. **Es hora de tomar una decisión importante.**

    A.   Pilato llegó a tal hora, pero se acobardó y otros decidieron por él. Mateo 27:22. Desde la eternidad nos advierte del peligro de la indecisión que lleva a la condenación eterna.

    B.   El joven rico llegó a tal hora y perdió su oportunidad de vivir eternamente. Lucas 18:22. Desde la habitación de los perdidos nos advierte que no amemos al mundo, pues esto hará que perdamos el alma.

C. Josué llegó a la hora de la decisión y la aprovechó para sí y su familia. Josué 24:15. Desde la gloria nos dice que vale la pena seguir a Dios.

D. Después de una vida de fidelidad, Pablo renovó su consagración. Filipenses 3:13-14. Hoy día llama a los creyentes a que hagan lo mismo y corran con paciencia la carrera a fin de obtener la corona.

E. Aproveche el testimonio y las advertencias que nos formulan estos testigos y decídase a aceptar a Cristo y consagrar su vida a él.

**E. F. Blattner**

## LA SANGRE QUE HABLA

«Os habéis acercado [...] a Jesús el Mediador del nuevo pacto, y a la sangre [...] que habla mejor que la de Abel» (Hebreos 12:22, 24).

*Introducción: La sangre de Cristo derramada por el pecado del hombre es un tema importante de la Biblia, así como también de muchos himnos cristianos. Será un tema del que se cantará en el cielo; en la tierra es protección para el creyente; sin ella no hay remisión de pecado. La sangre de Abel habla de la venganza que vendrá sobre el culpable, pero la sangre de Cristo habla mejor porque habla de perdón.*

I. **¿En dónde habla y a favor de quién?**

A. Ante Dios.
   1. Donde Satanás acusa, Apocalipsis 12:10-11.
   2. Donde todas las cosas están reveladas, Hebreos 4:13.
   3. Donde seremos juzgados, 2 Corintios 5:10.
B. A favor de los que han creído en Cristo para salvación.

## II. ¿De qué le habla a Dios?

A. Cristo, desamparado, crucificado y muerto por nuestros pecados.
B. Del pecado juzgado y el precio pagado por su Hijo.
C. Del perdón prometido al que confiesa y cree, 1 Juan 1:9.

## III. ¿De qué les habla a los creyentes?

A. Del perdón por la fe, Romanos 4:7-8.
B. De seguridad, Romanos 5:9.
C. De paz, Romanos 5:1.
D. De sanidad, Mateo 8:17.

## IV. ¿Qué les pide a los creyentes?

A. Fe en Cristo.
B. Gratitud, manifestada por medio de la consagración.
C. Odio al pecado y santificación de vida.

*Conclusión: ¿Habla la sangre de Cristo ante Dios a su favor? ¿Lo limpia y salva dándole la seguridad de la vida eterna? Entonces consagre su vida a Jesús.*

**E. F. Blattner**

# AVISO IMPORTANTE
## Marcos 1:15

*Introducción: Es Cristo el que habla, avisando y amonestando.*

## I. «El tiempo se ha cumplido».

A. Dios tiene tiempos, épocas para todo.

B. Noé predicó que se había cumplido el tiempo y vino el diluvio.

C. Dios anunció que se había cumplido el tiempo para Sodoma y Gomorra y vino la destrucción.

D. Moisés anunció que se había cumplido el tiempo para Israel en Egipto y vino la liberación.

E. Cristo anuncia que se ha cumplido el tiempo, que ahora es el momento oportuno para el arrepentimiento y la salvación.

## II. «El reino de Dios se ha acercado».

A. Habla de un rey; él estaba cerca de ellos.

B. Está cerca de nosotros; quiere reinar en nosotros.

C. Su reino milenario también está cerca.
   1. Viene por su pueblo.
   2. Viene a juzgar al mundo.

D. ¿Reinará con él o será rechazado de su reino?

## III. ¿Qué debemos hacer? «Arrepentíos».

A. Así predicaron los voceros de Dios.
   1. Juan el Bautista. Mateo 3:2.
   2. Pedro. Hechos 2:36-38.
   3. Pablo. Hechos 26:20.

B. El arrepentimiento no significa temor, penitencia, confesión al hombre; implica un cambio de la mente, dejar de pecar, una vida nueva.

C. Después de esta vida no habrá oportunidad.

## IV. «Creed en el evangelio».

A. Jesús lo manda.

B. ¿Qué es el evangelio?
   1. Buenas nuevas de salvación.
   2. Cristo y su sacrificio. Juan 3:16; Hechos 16:31.

C. El que cree será hecho hijo de Dios.
   1. Tendrá su nombre escrito entre los redimidos.
   2. Tendrá vida eterna.
   3. Hará que los ángeles se regocijen.
D. El que no cree recibirá condenación eterna. Juan 3:36.
   1. El tiempo se ha cumplido, el reino está cerca.
   2. Cristo está a la puerta de su corazón.
   3. Arrepiéntase, crea.

E. F. Blattner

# FIDELIDAD A DIOS

I. **En las tareas diarias.**

A. José fue fiel y Dios lo prosperó. Génesis 39:5-6, 16-23; 41:40-44.
B. Moisés fue fiel sobre toda la casa de Dios. Hebreos 3:5; Éxodo 14:31; Números 12:7.
C. Rut, la moabita, fue fiel en su tarea de espigar y llegó a ser la esposa del dueño del campo. Rut 2:1-3, 17; 4:10, 13.
D. Daniel fue fiel en los negocios del reino y prosperó. Daniel 6:4, 28.

II. **En la oración (Romanos 12:12).**

A. Por espacio de cuarenta días y noches Moisés estuvo en comunión con Dios. Éxodo 34:28; 24:18.
B. Daniel oraba tres veces al día. Daniel 6:10.
C. Pablo y Silas oraban a medianoche aunque estaban en la cárcel. Hechos 16:25.

III. **En el pago de los diezmos y la contribución con las ofrendas (Romanos 12:13; 2 Corintios 9:6-8).**

    A. La viuda dio todo lo que tenía. Lucas 21:1-4.

    B. Bernabé entregó el precio de una heredad que vendió. Hechos 4:36-37.

    C. La iglesia primitiva dio con liberalidad. Hechos 4:34-35; 2 Corintios 8:2; Filipenses 4:16.

## Día de decisión y destino
### Hechos 24:24-27

*Introducción: Este fue el día más importante en la vida del gobernador romano. Fue el día que tomó su decisión, decidió su destino eterno. Para él hubo otros dos días sobresalientes: el día de su matrimonio y el día que fue nombrado gobernador. Sin embargo, el día que oyó el evangelio fue el más importante de su vida. Tal vez sea así para algún oyente en esta ocasión. Aquí Félix, y no Pablo, está ante el tribunal.*

I. **La base del juicio.**

Notemos la base de la decisión. Pablo le habla de:

    A. Continencia, es decir, el deber que uno tiene consigo mismo, o sea, lo que hace consigo mismo.

    B. Justicia.

        1. El deber hacia el prójimo.

        2. El deber para con Dios. ¿Han desobedecido su ley?

        3. El deber para con Cristo. Él es la justicia de Dios, la provisión para nuestras necesidades.

II. **La certeza del juicio.**

Se refiere al «juicio venidero» o lo que Dios hará con nosotros.

A. Toda alma camina hacia la eternidad, lo mismo el rey que el esclavo. Nadie escapará.
B. Seremos juzgados en cuanto a todos los hechos de nuestra vida.
C. Nuestra propia conciencia testificará en contra nuestra si no hemos hecho lo que debíamos.

**III. La contemplación del juicio.**

A. Félix se sintió aterrado, aunque pudiera haberse sentido consolado. Debemos tener en cuenta que la emoción no basta para salvarnos.
B. Se rehusó a hacerle frente a la realidad (v. 25).
C. Puso su mirada en las cosas materiales (v. 26).
D. Se rehusó a aprovechar el momento oportuno… postergó su decisión, quedó impenitente… y se perdió.

*Conclusión: Hay que dar el paso decisivo en esta hora oportuna, pues si no, ni el terror ni las lágrimas nos bastarán para salvarnos.*

M. L. Hodges

# TRAGEDIA TRANSFORMADA EN VICTORIA
### Marcos 10:46-52

*Introducción: ¡Cuántos necesitados encontramos en este mundo! En el mucho trajinar que requiere la vida moderna, podemos ver a un lado de los caminos del mundo muchas vidas tristes, vidas arruinadas, vidas dominadas por hábitos nocivos o esclavas de los vicios. Tampoco faltan allí las víctimas de las circunstancias aplastantes de la vida. Por lo general, el mundo coloca a esta gente bajo una misma categoría y la llama «víctimas de una tragedia».*

*Bartimeo fue una víctima de la tragedia hasta el momento en que*

*el divino Nazareno lo halló junto al camino, y entonces la tragedia de
su vida se transformó en victoria.*

*Permítanme recordarles que el Señor, que es dueño de las circuns-
tancias, que resucitó con poder, que todavía se pasea por los caminos
de la vida, pasará por donde se encuentran ustedes y contestará a su
clamor si es que, al igual que Bartimeo, imploran su ayuda.*

## I.  Reconoció su condición.

A.  Era ciego. Marcos 10:46.
B.  No podía ganarse su sustento. Vivía de la caridad pública.
C.  Sentado junto al camino, Bartimeo, víctima de la tragedia,
     era un espectáculo digno de compasión.

## II.  Aprovechó su oportunidad.

A.  Jesús y sus discípulos venían por el camino donde él se en-
     contraba mendigando.
B.  Su oído le hizo saber que alguien se aproximaba. Marcos
     10:47.

## III. Empleó los medios a su alcance.

A.  Se valió de los sentidos a su disposición para dar a conocer
     su necesidad. «Y oyendo que era Jesús nazareno…».
B.   Hizo pública su necesidad. «Comenzó a dar voces y a de-
     cir: «¡Jesús […] ten misericordia de mí!».
C.  Tuvo una actitud acertada frente a su necesidad.
    1.  Ignoró el consejo equivocado de las masas, el mundo.
    2.  Pasó por alto el enojo y el razonamiento egoísta de la
        gente. Marcos 10:48.
    3.  Obedeció a sus impulsos y buscó establecer contacto
        con el Salvador.
    4.  Persistió en su ruego. «Jesús, deteniéndose, mandó lla-
        marle». Marcos 10:49.

## IV. Ejercitó su fe.

A. Creyó cuando le dijeron que se levantara, que el Maestro lo llamaba.
   1. No vaciló ni un instante. Hizo a un lado uno de los pocos bienes que tenía, «arrojando su capa».
   2. Obedeció de inmediato. «Se levantó». («Se puso en pie de un salto», versión moderna).
   3. Se llegó a Jesús y formuló su petición. «Que recobre la vista». Marcos 10:51.
B. No puso en tela de juicio las palabras de Jesús, sino que obró de acuerdo. Marcos 10:52.

## V. Recibió la sanidad.

## VI. Experimentó la salvación y siguió a Jesús.

*Conclusión: Jesucristo es el mismo hoy. Aún se pasea por el laberinto de la vida, y aunque la existencia de ustedes sea una «tragedia», el Señor puede transformarla en una «victoria». Si están «junto al camino», si tienen alguna necesidad, tengan confianza, puesto que él los está llamando a que acudan a su presencia. Hace cerca de dos mil años llamó a Bartimeo y hoy los está llamando a cada uno de ustedes. ¿Qué harán?*

Juan C. Jackson

www.ingramcontent.com/pod-product-compliance
Lightning Source LLC
La Vergne TN
LVHW030635080426
835510LV00022B/3382